Richard Ehrenberg

Wie wurde Hamburg groß?

Streifzüge in der Hamburger Handelsgeschichte

Richard Ehrenberg

Wie wurde Hamburg groß?
Streifzüge in der Hamburger Handelsgeschichte

ISBN/EAN: 9783743392779

Hergestellt in Europa, USA, Kanada, Australien, Japan

Cover: Foto ©ninafisch / pixelio.de

Weitere Bücher finden Sie auf **www.hansebooks.com**

Die Anfänge des Hamburger Freihafens.

Von

Dr. Richard Ehrenberg.

Hamburg und Leipzig,
Verlag von Leopold Voss.
1888.

Alle Rechte vorbehalten.

Druck der Verlagsanstalt und Druckerei A.-G. (vormals J. F. Richter) in Hamburg.

Meinem lieben Bruder

Otto Ehrenberg

gewidmet.

Unter dem Titel „Wie wurde Hamburg groß?" sollen wichtige Momente in der Entwickelung des Hamburger Handels in zwanglosen Heften besprochen werden. Es sollen Bausteine sein für das beim jetzigen Stande der Forschung noch nicht in würdiger Weise durchführbare Riesenwerk einer Hamburger Handelsgeschichte. Auch wird es den leichten Heften vielleicht besser als einem umfangreichen Buche gelingen, Sinn und Verständnis für einen der wichtigsten Teile unserer nationalwirtschaftlichen Entwickelung weiteren Kreisen mitzuteilen, sowohl in Hamburg selbst wie im ganzen Reiche. Und wenn ich auf die Frage: „Wie wurde Hamburg groß?" schon hier eine Antwort geben soll, so laute sie: Hamburg wurde groß im schweren Kampfe mit Gegnern aller Art. Den härtesten Kampf aber hatte es mit sich selbst zu bestehen, mit seiner eigenen Vergangenheit, mit der oftmals dem zeitgemäßen Fortschritte widerstrebenden Natur seiner Angehörigen. Die Selbsterziehung Hamburgs ist es, welche den wichtigsten Gegenstand der folgenden Studien bilden soll.

In diesen Tagen werden die Zollschranken fallen, welche unser Hamburg bisher vom übrigen Deutschland getrennt haben. Damit betritt Hamburg die Schwelle einer neuen Entwickelungsepoche, in der sein Handel, eng vereint mit der Produktion ganz Deutschlands, unter Gottes Beistand glänzendem Gedeihen ent=

gegengehen wird. In solchem Augenblicke ist es gewiß doppelt wichtig, der Vergangenheit ihre Lehren abzufordern und danach zu fragen, wie Hamburg allmählich in harter Schule zu dem geworden ist, was wir jetzt freudig vor uns sehen.

Die „Anfänge des Hamburger Freihafens" sollen zeigen, wie eigentümlich die Verhältnisse beschaffen waren, aus denen das Bedürfnis nach einem Hamburger Freihafen hervorging.

Das zweite Heft unserer Studien soll den Handelsbeziehungen zwischen Hamburg und England seit dem Jahre 1564 gewidmet sein. Hier werden sich noch zahlreichere Beziehungen zur Gegenwart ergeben.

Hamburg, im September 1888.

R. E.

Die Anfänge des Hamburger Freihafens.

I.

Wer heutzutage vom **Freihafen** spricht, der denkt dabei an **Freihandel**. Daher wird es wohl einiges Staunen erregen, zu vernehmen, daß der Gedanke, aus Hamburg einen Freihafen zu machen, höchst protektionistischen, ja **monopolistischen** Bestrebungen entsprungen ist. Ein Blick auf die Zeit, in der dieser Gedanke zuerst auftauchte, wird uns zeigen, daß von Freihandel im heutigen Sinne damals keine Rede sein konnte. Es war die Zeit der Hochblüte des „Merkantilismus."

Was „Merkantilismus" sei, darüber war man **früher** nicht zweifelhaft. Wenn man die segensreichen Wirkungen des Freihandels recht glänzend hervortreten lassen wollte, so schilderte man die Maßregeln und Anschauungen der vorhergegangenen Periode in möglichst dunkeln Farben. Alles praktisch Verfehlte und theoretisch Unrichtige, in dessen Bekämpfung der Freihandel mit Recht sein Lebenselement fand, wurde zu einem vollständigen Systeme vereinigt, und dieses mit dem Namen „mercantile system" begabt. Neuerdings ist man unter dem Einflusse historischer Anschauungsweise von dieser falschen, ungerechten Auffassung zurückgekommen. und sucht den Merkantilismus als ein notwen=

diges Produkt seiner Zeit zu verstehen. Doch hat sich für jene zwar falsche, aber wenigstens einigermaßen klare Vorstellung vom Wesen des Merkantilismus immer noch kein ausreichender Ersatz gefunden.

Wollen wir das Merkantilsystem nach Verdienst würdigen, so dürfen wir es nicht vergleichen mit dem, was **nach** ihm kam, sondern mit dem, was **vor** ihm dagewesen war. Und das war der **Fiskalismus**, der nackte, blutsaugende Fiskalismus einer im steten Kampfe mit den eigenen Ständen liegenden **Fürsten macht**. Während **derjenigen** Jahrhunderte dieses Kampfes, welche noch ins Mittelalter fallen, wurde das, was wir Pflege des Volkswohlstandes oder Volkswirtschaftspolitik nennen, im wesentlichen nur vom **dritten Stande** gefordert und nur in denjenigen Gemeinwesen, welche dieser Stand zu regieren hatte, in den **Städten** nämlich, praktisch betrieben. Zwar haben gute Fürsten auch damals schon nicht nur sich selbst vor zu arger Bedrückung des Volkes gehütet, sondern dasselbe auch gegen die Bedrängungen Anderer, namentlich der Großen, in Schutz genommen. Doch kann die Herstellung gesicherter Rechtsverhältnisse, die Wahrung des Landfriedens u. dgl. noch nicht als Volkswirtschaftspolitik im heutigen Sinne aufgefaßt werden. Zu einer derartigen Politik waren die rauhen und kriegerischen Fürsten des Mittelalters mit ihrem Häuflein von Schreibern und Einnehmern überhaupt nicht fähig. Wo Anfänge dazu vorhanden waren, muß man sie regelmäßig auf Bestrebungen des **Bürgerstandes** zurückführen. Nur einzelne ganz hervorragende Fürsten, wie Karl der Große und Ludwig der Heilige, versuchten aus eigener Initiative Maßregeln durchzuführen, welche auf direkte Förderung des Volkswohlstandes abzielten. Aber im allgemeinen läßt sich die wirtschaftliche Politik der Fürsten im Mittelalter dahin charakterisieren, daß dieselbe das **momentane fiskalische Interesse unbekümmert um die dauernde Volkswohlfahrt, ja auf Kosten derselben** durchzusetzen suchte.

Dies wurde erst anders im 16. und 17. Jahrhundert, als die Städte ihre Macht größtenteils schon verloren hatten und oft

nicht mehr im stande waren, für das Wohl ihrer Angehörigen
zu sorgen, als dagegen die Fürsten ihrerseits langsam einzusehen
begannen, daß ihr eigenes Interesse bei der bisherigen Art
zu wirtschaften unmöglich auf die Dauer bestehen konnte. Des=
halb suchten sie jetzt den Volkswohlstand zu fördern, ohne stets
auf sofortige Einnahmen bedacht zu sein; ja sie legten sich selbst
momentane Opfer auf und gaben große Geldsummen her, um
ihr Volk reich zu machen. Freilich blieb das fiskalische Interesse
auch jetzt noch der letzte Zweck ihrer Politik. Aber das gerade
ist die charakteristische Eigentümlichkeit des Merkantilismus und
der große Fortschritt, der in ihm sich verwirklichte, daß an die
Stelle eines kurzsichtigen und prinziplosen, harten und räuberischen
— ein kluger, gemäßigter und von festen Grundsätzen geleiteter
Fiskalismus trat, der auf der Anschauung beruhte, daß das
Interesse des Fürsten und der Regierung mit dem=
jenigen des Volks identisch sei.

Diese Entwickelung wurde allerdings oftmals unterbrochen
durch starke Rückfälle in den alten Fiskalismus. Namentlich
während langer Kriege konnte an merkantilistische Maßregeln fast
niemals gedacht werden, soweit diese Kriege nicht etwa gerade
die Durchführung resp. Bekämpfung solcher Maßregeln zum
Zwecke hatten. Aber im ganzen war der Fortschritt doch groß
genug. Ja, jener Grundsatz von der Interessengemeinschaft
zwischen Regierung und Volk wurde jetzt lebendiger, als er jemals
zuvor in den republikanisch organisierten Städten gewesen war,
wo so oft eine aristokratische Minderheit lediglich im eigenen
Interesse regiert hatte. Jetzt dagegen wurde es gerade für die
von der Hoheit ihres Regentenberufes am meisten durchdrungenen
Fürsten oberste Richtschnur ihrer Politik, die Interessen aller
Volksklassen zu fördern. Nur infolge des Zusammentreffens
von mehr zufälligen, wenn auch höchst bedeutsamen historischen
Umständen, die hier nicht erörtert werden können, mit alten popu=
lären Irrtümern über das Wesen des Reichtums, bevorzugte
der „Merkantilismus" längere Zeit hindurch die Industrie und
den Exporthandel. Und auf die gleichen Ursachen ist zurück=

zuzuführen jene Lehre von der Handelsbilanz, welche darauf hinauslief, daß man suchen müsse, dem Auslande möglichst viel „baares Geld" abzugewinnen und möglichst wenig davon wieder fortgehen zu lassen. Diese und andre ähnliche Theorien sind nicht mit dem innersten Wesen des Merkantilismus verknüpft. Sie wurden auch nicht überall in gleicher Weise vertreten, sondern erhielten in manchen Ländern einen besonderen, den Bedürfnissen der letzteren angepaßten Ausdruck. So namentlich in den Niederlanden, so auch in Hamburg. Hier wie dort wurden gelegentlich schon sehr früh Ansichten ausgesprochen, die zwar echt merkantilistisch gedacht waren, aber mit den landläufigen Theorien keineswegs übereinstimmten.[1]

Ganz dasselbe gilt auch von der merkantilistischen Politik. Zwar läßt sich nicht leugnen, daß diese bald von schablonenhaften Grundsätzen weit mehr beherrscht wurde, als einer gesunden Entwickelung dienlich war. Dennoch fanden in ihrem Rahmen stets manche Maßregeln Platz, die wir jetzt als durchaus freihändlerisch bezeichnen würden. Und hierzu gehört auch die Errichtung von Freihäfen.

Der Gedanke, für einzelne Plätze die Zölle zu ermäßigen oder ganz aufzuheben und dem Handel sonstige Erleichterungen einzuräumen, ist durchaus nicht entstanden aus dem neuzeitlichen Grundsatze des Gewährenlassens, sondern er bewegte sich lange Zeit noch auf dem echt mittelalterlichen Boden des Privilegiums. Man wendete einzelnen Plätzen, Handelsbranchen, Korporationen oder sonstigen Personenkreisen gewisse Vergünstigungen zu, um anderen Plätzen oder Gruppen den Verkehr abzujagen. In solcher Absicht wurden Städte wie Livorno und Altona gegründet und mit Vorrechten ausgestattet, die lebhaft erinnern an die bei mittelalterlichen Städtegründungen erteilten „Freiheiten". Dagegen hatten die Privilegien des späteren Mittelalters meist

---

[1] Für die Niederlande vgl. Laspeyres Geschichte der volkswirtschaftl. Anschauungen der Niederländer. Leipzig 1863. Wegen Hamburgs verweise ich auf spätere Stellen dieser Schrift, sowie auf die folgenden Hefte.

fiskalische Bedeutung und sind also wohl zu sondern von den hier in Frage stehenden merkantilistischen Privilegien. Freihäfen selbst in dem weiten Sinne, welchen man im 17. und 18. Jahrhunderte mit dem Ausdrucke Porto franco verband, hat es im Mittelalter überhaupt nicht gegeben. Es gab vielmehr nur Plätze, in denen die allgemeine Gebundenheit des Verkehrs durch zahlreiche einzelne „Freiheiten" beschränkt, aber nicht aufgehoben worden war. Andrerseits existierten selbst gegen Ende des vorigen Jahrhunderts noch keine vollständigen Freihäfen im heutigen Sinne. Doch kamen einzelne Städte dem schon sehr nahe[1], und als erster Platz, der auf den Namen „Freihafen" Anspruch hat, wird bereits im 17. Jahrhundert Livorno bezeichnet.

Livorno war um die Mitte des 16. Jahrhunderts noch ein ganz unbedeutender Ort, vor Ablauf von hundert Jahren dagegen der wichtigste Handelsplatz des Mittelmeeres, der allgemeine Zwischenmarkt des Levantehandels. Diese erstaunliche Entwickelung hatte die Stadt nur zum geringsten Teile ihrer allerdings günstigen Lage und ihrem guten Hafen zu verdanken, vielmehr war sie fast ausschließlich das Verdienst der Großherzöge von Toskana, welche den Ort auf alle Weise zu heben und die beaux restes des Levantehandels von Genua und Venedig dorthin zu ziehen suchten.

Cosmus I. sicherte 1547 allen Personen, welche sich in Livorno niederlassen würden, zehnjährige Steuerfreiheit zu, nicht minder vollständige Sicherheit der Person und des Vermögens, letzteres auch den von auswärts flüchtigen Falliten. Ein Privileg des Großherzogs Ferdinand v. J. 1591 versprach Schutz gegen Verfolgung wegen aller an anderen Orten begangenen Verbrechen, selbst der schwersten, außer Meuchelmord, Majestätsbeleidigung, Falschmünzerei und Ketzerei. Trotz der zuletzt erwähnten Klausel

---

[1] Adam Smith schrieb noch 1776 (Wealth of nations b. 4 ch. 3): „Though there are in Europe, indeed, a few towns which in some respects deserve the name of free ports, there is no country which does so."

herrschte in Livorno die größte Duldung auch gegenüber allen Nichtchristen. Den aus Portugal vertriebenen „neuen Christen", d. h. den nur scheinbar bekehrten Juden, wurde Schutz gegen die Inquisition ausdrücklich zugesichert. Die Steuer-Exemtionen wurden mehrfach erneuert. Dagegen scheint hinsichtlich der Zölle erst spät vollständige Befreiung eingetreten zu sein. Wenigstens ist 1547 nur die Rede von einem Porto franco zu Gunsten jener Portugiesen, 1587 nur von Zollbefreiung hinsichtlich aller zum Gebrauche der städischen Bevölkerung eingeführten Waren. So nach einer Quelle auch noch 1686, während anderweitig umgekehrt für damalige Zeit die Zollfreiheit der ganzen Durchfuhr behauptet wird. Aus diesen verschiedenen Privilegien muß sich dann in der That ein Zustand herausgebildet haben, der dem eines Freihafens im heutigen Sinne sehr nahe kam. Denn nach einer Nachricht v. J. 1725 erhob der Großherzog gar keine Zölle mehr, wohl aber ein Lagergeld unter dem Namen stallaggio.

Das alte Pisa gehörte ebenfalls zu dem von der Zolllinie ausgeschlossenen Bezirke, wurde hierdurch indes keineswegs gefördert, sondern nahm immer mehr an Einwohnerzahl ab, während Livorno schon nach drei Jahrzehnten seines Bestehens als Stadt die Zahl der Bewohner nicht mehr faßte. Was die Wirkung des Livorneser Freihafens auf das toskanische Hinterland betrifft, so urteilte hierüber im Jahre 1743 der Neapolitaner Carlo Antonio Broggia, ein volkswirtschaftlicher Klassiker Italiens, folgendermaßen [1]:

Der Nutzen des Freihafens, meint er, fiele nur den Fremden zu, die auf Kosten der steuerzahlenden Bürger den Handel an sich brächten. Der Freihafen sei nur eine Turmwarte der Fremden [2], und speziell Livorno habe nur den Handel der Oltramontani (Holländer, Engländer) befördert. Bei hoher Ausbildung

---

[1] Broggia, Trattato de'tributi, cap. 9. Opuscoli, frammento II (Custodi, econom. class. ital. vol. IV. 183, V. 360).

[2] Der Ausdruck bicocca hat sogar einen bösen Beigeschmack, er bedeutet mehr Raubnest als Turmwarte. Wegen der Livorneser Privilegien vgl.

des Verkehres seien Freihäfen ebensowenig zeitgemäß wie Messen. Die Nation solle lieber ihren Stolz und ihre Hoffnung auf sich selbst, auf ihren eigenen Gewerbefleiß und Handel setzen, als auf den der Fremden.

So dachte ein italienischer Merkantilist schon zu einer Zeit, als die Hauptbewegung für Errichtung von Freihäfen noch nicht einmal begonnen hatte. Dennoch erregte natürlich der gewaltige Aufschwung Livornos viel Neid und Nacheiferung.

Das am schwersten benachteiligte Genua schaffte schon 1595 während einer langen Hungersnot — in der, beiläufig gesagt, Hamburg zuerst Schiffe, mit Korn beladen, nach Italien gesandt hat — den Einfuhrzoll auf Getreide ab. Diese ursprünglich nur auf drei Jahre berechnete Einrichtung wurde später prolongiert, allmählich folgten weitere Erleichterungen, und endlich errichtete man 1707 einen „Porto franco generalissimo", der aber trotz seines reklamehaften Titels auch noch nichts andres war wie ein sehr stark beschränktes Freilager für den Transit.

Colbert machte dann 1669 Marseille zum Freihafen und zwar zum vollständigen Freihafen. Aber bald wurde dieses Privileg bedeutend eingeschränkt so daß für viele Waren private Freiläger errichtet werden mußten.

Die in Neapel 1633 eingeführten Scala e porto franco waren jedenfalls auch nur zeitlich und räumlich eng begrenzte Einrichtungen. Triest 1725 vom Kaiser, Ancona 1732 vom Papste als Freihafen erklärt, machten Venedig auf seine alten Tage das Leben recht sauer. Doch auch bei diesen Plätzen gab

---

Tesi, Livorno della sua origine sino ai nostri tempi. Livorno 1867. Magri, Orig. di L. Nap. 1647. Roberts, Merchants map of commerce. 2. ed. London 1671. cap. 173. Reumont, Gesch. Toskanas I. 510 ff (sehr dürftig). Wegen Genuas vgl. Cuneo, Mem. sopra l'antico debito pubblico etc. di Genova p. 158 ff. Das Reglement des Porto franco generalissimo v. 1707/8 befindet sich auf der Hamburger Kommerzbibliothek, eine deutsche Übersetzung in den unten zu erwähnenden Porto franco Akten. Für Neapel verweise ich auf Bianchini, Stor. d. finanze di Napoli p. 287, für Marseille und die anderen Plätze auf Savary, Dict. du commerce Copenh. 1765.

es allerlei Einschränkungen. In der zweiten Hälfte des 18. Jahrhunderts wurde die Zahl der „Freihäfen" noch ansehnlich vermehrt. Selbst in England dachte man schon viel früher daran, solche zu errichten, kam indes hiervon bald wieder zurück und ging stattdessen, unter Beibehaltung der hohen Einfuhrzölle, zum System der Exportvergütungen (Drawbacks) über.[1]

Auch in den Niederlanden wurde über die Zweckmäßigkeit von Freihäfen lange Zeit hindurch eifrig debattiert, namentlich als in der zweiten Hälfte des 18. Jahrhunderts der Rückgang des holländischen Handels immer schwerer fühlbar wurde. Die volkswirtschaftliche Politik der vereinigten Niederlande stand damals — ganz ähnlich wie diejenige unseres Hamburg — weit mehr unter der Herrschaft eines ängstlichen, konservativen Fiskalismus, als die Politik mancher monarchischen Staaten. Sie trug dem kommerziellen Interesse, welches doch das wahre Lebenselement des Landes war, durchaus nicht hinreichend Rechnung. Es fehlte gar sehr an festen Zielen, an einheitlichem und energischem Handeln. Es fehlte der Mittelpunkt, in dem sich die immerhin doch auch hier vorhandenen Interessengegensätze vereinigen konnten.

---

[1] Schon der Discourse of trade, coyn and paper credit v. 1697 weist den Rat zurück, in England Freihäfen zu errichten: Livorno hätte kein Hinterland mit reichen Produkten wie die englischen Häfen, England bedürfe keiner Ermutigung des Fremdenhandels, es hätte selbst Schiffe und Seeleute genug ꝛc. Aber noch Jos. Gee, The trade and navigation of Great Britain (1731) muß sich sehr energisch gegen ähnliche Pläne aussprechen, die er für ebenso absurd wie gefährlich erklärt. Nur in Gibraltar und Port Mahon auf Minorca solle man Freihäfen errichten, um den Handel von Livorno an sich zu bringen. Adam Smith freilich schrieb 45 Jahre später l. c.: „*Every town and country*, in proportion as they have opened their ports to all nations, instead of being ruined by this free trade, as the principles of the commercial (i. e. mercantile) system would lead us to expect, have been enriched by it." Hier tritt so recht zu Tage, wie sophistisch der große Mann doch manchmal verfuhr. Denn er verschweigt 1) daß gerade die unzweifelhaftesten Merkantilisten, Colbert an der Spitze, Freihäfen errichtet hatten (und von diesen spricht er a. a. O.), und 2) daß zwar vielleicht jede Stadt, aber durchaus nicht jedes Land um so reicher geworden war, je mehr Freiheit die Fremden dort genossen.

Aber gerade im Kampf mit dieser fehlerhaften Praxis bildeten sich Anschauungen aus, die in ihren Konsequenzen zum Freihandel geführt haben.

Zollerleichterungen aller Art, namentlich wenn sie die Durchfuhr betrafen, wurden damals unter der Bezeichnung Porto franco zusammengefaßt. Ja, man sprach wohl absichtlich von einem Porto franco, auch wenn nur ein simples Freilager gemeint war, um durch das wohlklingende Wort mehr Eindruck zu erzielen. Lange Zeit aber blieb allen diesen Einrichtungen, den Rückzöllen, Freilägern, Zollermäßigungen für die Durchfuhr, gänzlichen Zollbefreiungen ꝛc., die Eigenschaft bloßer Privilegien. Es waren eben auch nur merkantilistische Mittel zur Förderung des Volkswohlstandes, Mittel, um die Verkehrsströmung von ihrem bisherigen, oft auch um sie von ihrem natürlichen Laufe ab- und auf die eigene Mühle hinzuleiten.

Motive solcher Art waren es namentlich, durch welche König Friedrich III. von Dänemark sich im Jahre 1664 veranlaßt sah, den seit 1640 mit seinem Staate vereinigten Flecken Altona zur Stadt zu erheben und dieser außer andern Privilegien auch Zollfreiheit auf zehn Jahre zu gewähren für die Durchfuhr aller fremden, sowie für die Ausfuhr aller in Altona selbst verfertigten Waren.[1]

Die Entstehung und fernere Entwicklung Altonas zeigt Ähnlichkeit mit derjenigen Livornos. Wie dieses hatte es vor der Mitte des 16. Jahrhunderts noch nicht die geringste Bedeutung, ist vielleicht überhaupt erst damals eine selbständige Stadt

---

[1] Vgl. den Wortlaut des Privilegs bei Wichmann, Geschichte Altonas, p. 69. Irrigerweise sagt W. p. 67, daß völlige Zollfreiheit auf alle ein- und ausgehenden Waren bewilligt worden sei. Der Handel zwischen Gast und Gast wurde sogar ausdrücklich verboten, also insofern an den alten Grundsätzen des Stapelverkehrs festgehalten. Während man aber in Hamburg das Stapelrecht streng durchzuführen suchte, war die Handhabung desselben in Altona jedenfalls außerordentlich milde, und die freie Durchfuhr lief in der Praxis bald so ziemlich auf gänzliche Zollfreiheit hinaus, wodurch ja der Zweck, Hamburg zu schädigen, am vollständigsten erreicht wurde.

geworden. Wie Livorno wurde es dann vom Landesherrn auf alle Weise begünstigt, um einem benachbarten alten Handelsplatze Konkurrenz zu machen. Auch die hierbei angewendeten Mittel waren die gleichen, und der nächste Erfolg entsprach in beiden Fällen durchaus der Absicht. Aber das schließliche Resultat war dennoch ein verschiedenes. Denn Livorno gelangte zu dauernder selbständiger Blüte, Altona wurde am Ende doch nur ein wirtschaftliches Anhängsel Hamburgs. Es war und ist eben eine künstliche Stadt; ihm fehlen die großen natürlichen Vorzüge Livornos, und dann liegt es in der That zu nahe an Hamburg: schließlich mußte es von der stärkeren Rivalin wieder zurückgedrängt werden. Einstweilen aber erreichte Dänemark seinen Zweck vollkommen.

Lange Zeit hindurch hatte Hamburg gegen die scharfe Konkurrenz der Nachbarstadt anzukämpfen. Doch dieser Kampf gereichte ihm zum Segen. **Altona wurde für Hamburg der Hecht im Karpfenteiche.** Es regte den damals noch etwas schwerflüssigen Unternehmungsgeist der Hamburger an und zwang diese, die ihren Handel beengenden Fesseln zu sprengen. **Wesentlich auf die Konkurrenz Altonas sind die Anfänge des Hamburger Freihafens zurückzuführen.** Und ganz erheblich beschleunigte jener Kampf die notwendige und längst begonnene, aber immer noch allzu langsame Entwickelung Hamburgs aus einem mittelalterlichen **Stapelplatze** zu einem neuzeitlichen **Börsenplatze** und großen **Zwischenmarkte**.

II.

Hamburgs Handelsverfassung hatte sich im 17. Jahrhundert noch mancherlei mittelalterliche Eigentümlichkeiten bewahrt, wie es deren freilich im deutschen Binnenlande noch eine weit größere Anzahl gab. Aber vergleicht man Hamburg mit **Amsterdam**, dem einzigen kontinentalen und außer London dem einzigen europäischen Handelsplatze, der Hamburg an Bedeutung weit überragte, so wird klar ersichtlich, wie unzeitgemäß es war, daß Hamburg immer noch die Eierschalen des alten Stapelverkehrs mit sich herumtrug.[1]

Namentlich nach dem Westfälischen Frieden, als überall der „Merkantilismus" erst zur rechten Blüte gelangte, und als man zumal in Deutschland allerorten nach Kräften bestrebt war, die schweren Wunden zu heilen, welche der Krieg dem Volkswohlstande geschlagen hatte, da glaubte man auch in Hamburg die alten, prinzipiell niemals aufgegebenen Privilegien wieder aufleben lassen zu müssen. Übrigens waren dieselben während des Krieges gewiß nur deshalb in den Hintergrund getreten, weil damals weder das deutsche Binnenland im stande war, über die Köpfe der Hamburger weg mit dem Auslande in Verbindung zu treten, noch auch letzteres in dem deutschen Hexenkessel viel zu holen hatte. Die Folgen des dreißigjährigen Krieges haben Deutschland den Fremden wirtschaftlich preisgegeben. Aber während des Krieges genossen letztere nur den allerdings immer noch sehr bedeutenden Nutzen, bei ihren überseeischen Unternehmungen jeder deutschen Konkurrenz entledigt zu sein.

Bald nach dem Frieden, jedenfalls schon in den 60er Jahren begann Hamburg zu spüren, daß schwere Stürme gegen sein Stapelrecht heranzogen, indem nicht nur von Magdeburg und mit Unterstützung des Großen Kurfürsten auch von der Mark aus versucht wurde, den Hamburger Stapel über Harburg zu umgehen, sondern indem namentlich auch Dänemark durch Begünstigung von Altona den Stapelverkehr an der Quelle abzugraben drohte.

Aber dies trieb die Hamburger nur an, ihre alten Rechte noch schärfer auszubilden und geltend zu machen. Nicht nur verlangten sie, daß kein Gut, insbesondere kein Getreide zu Wasser oder zu Lande an ihrer Stadt vorbeigefahren werden dürfe, daß

---

[1] Hierin stimme ich durchaus überein mit Schmoller, der in seinen schönen „Studien über die wirtschaftl. Politik Friedrichs d. Gr." (Jahrb. des Deutschen Reiches N. F. 1884 p. 1034 ff.) auch Hamburger Verhältnisse des 17. und 18. Jahrhunderts vielfach berührt, ganz besonders gerade diese Frage des Stapelrechtes, in deren Darstellung ich wesentlich seinen Spuren folge.

alle oberländischen wie alle von unten kommenden Schiffe nur in
Hamburg löschen und laden sollten (jus constringendi), sondern
man stellte auch den Grundsatz auf: Wer keine Ladung bringt,
soll auch keine zurücknehmen. Man suchte selbst das alte Verbot
des Handels zwischen Gast und Gast wieder aufzufrischen, man
wollte die Fremden zwingen, ihr Getreide nur an Bürger zu
verkaufen und von Bürgern zu kaufen[1]; ja man wollte sogar
den Magdeburger Händlern nach alter Weise einen Preis diktieren,
zu dem sie ihr Korn in Hamburg verkaufen müßten.

Kurz, die Hamburger konnten sich offenbar immer noch nicht
an den Gedanken gewöhnen, daß die Zeit des ausschließlichen
Properhandels für sie vorbei war, daß die Pflege des Kom=
missionsgeschäftes fortan ihre wichtigste Sorge zu bilden
hatte, daß sie auch das Speditionsgeschäft nach Kräften
erleichtern mußten. Zwar waren diese beiden Geschäftsarten
schon stark in Aufnahme gekommen. Aber der Hamburger Kauf=
mann von altem Schrot und Korn sah immer noch mit etwas
Mißachtung auf sie herab, betrachtete sie als Notbehelfe vermögens=
loser Anfänger. Besonders die Spedition galt, wie wir sehen
werden, keineswegs als eine begehrenswerte Thätigkeit. Es be=
durfte noch harter Erfahrungen, um den Hamburger Kaufleuten
den hohen Grad von Anpassungsfähigkeit und geschäftlicher Findig=
keit mitzuteilen, welchen die scharfe Konkurrenz anderer Staaten
und Städte, wie überhaupt die schwierige, sich oft und rasch ver=
ändernde Geschäftslage dringend erheischte. Wer solche Eigen=
schaften besaß, wurde von vielen Seiten noch mißtrauisch, ja
als eine Art von Vaterlandsverräter betrachtet, zumal wenn er
gar selbst die harten Vorschriften über Stapelzwang, Verzollung rc.
geschmeidig zu umgehen wußte.

Namentlich der Rat hatte sich in dieser Auffassung fest=
gefahren. Die Kaufmannschaft war zwar auch noch über=

---

[1] Der Kornhandel unterlag überall am längsten den mittelalterlichen
Beschränkungen, weil hierbei stets auch die Sorge für den Lebensunterhalt
der Bevölkerung, die Furcht vor Teuerung, vor Kornwucher rc. hereinspielte.

wiegend monopolistisch gesinnt. Doch gab es in ihr wenigstens stets eine Richtung, die vorwärts drängte und zu manchen bedeutsamen Fortschritten die Initiative ergriff. Der Rat dagegen, der früher eine weitsichtige Politik verfolgt hatte,[1] stand jetzt viel zu sehr unter dem Banne eines engherzigen Fiskalismus. Die Zolleinnahmen befanden sich stets im Vordergrunde seiner wirtschaftspolitischen Erwägungen. Um sie zu verteidigen, hielt er selbst dem Unwillen und den Chicanen mächtiger Nachbarn stand. Und von solchen bekam Hamburg damals ein gerütteltes Maß voll zu kosten.

Vor allem mit **Dänemark** hörten die Streitigkeiten fast niemals auf. Dieselben waren bekanntlich zum Teil rein **politischer Natur**: Dänemark hätte Hamburg gern in seine Gewalt bekommen. Aber Hamburgs Wohlstand reizte auch den Neid des Dänen, und wenn er in Glückstadt einen hohen Zoll errichtete, wenn er Altona auf alle Weise begünstigte, so spielten hierbei überwiegend **wirtschaftliche** Motive mit. Ausschließlich war dies der Fall bei **Brandenburg**, dessen Politik indes einen weit weniger vexatorischen Charakter hatte. Die brandenburgischen, später die preußischen Fürsten sahen sich durch ihren weisen „Merkantilismus", der selbst einen so trefflichen Kenner und warmen Vertreter Hamburger Interessen wie unsern alten Büsch zu entschiedner Anerkennung nötigte[2], sie sahen sich durch ihre Sorge für das Wohl ihrer Unterthanen oftmals gezwungen, die

---

[1] Vgl. Ehrenberg, Hamburger Handel und Handelspolitik im 16. Jahrh. Sonderabdruck aus dem Werke „Aus Hamburgs Vergangenheit, herausgegeben von Karl Koppmann." Hamburg, 1885.

[2] Er billigt die preußische Politik selbst vom hamburgischen Standpunkte aus: „Wer wird glauben, daß der gesamte Zwischenhandel Hamburgs mit den preußischen Staaten nicht jetzt bei weitem größer, als ehemals geworden sei, da Hamburg denselben auch mit so vielen Exporten treiben kann, und daß es sehr thöricht sein würde, die Mark Brandenburg in ihren ehemaligen betrübten und kümmerlichen Zustand zurück zu wünschen?" Büsch, Versuch einer Geschichte der hamburgischen Handlung. Hamburg 1797 p. 97.

momentanen Interessen Hamburgs wenig glimpflich zu behandeln. Dennoch galt Brandenburg im Gegensatze zu Dänemark als befreundete Macht, und thatsächlich haben sich ja die brandenburgisch-preußischen Fürsten bei manchen wichtigen Veranlassungen der Stadt mit Eifer angenommen. Am besten kam Hamburg damals mit den **Lüneburger** Herzögen aus, deren Politik freilich von der vordringenden Schärfe derjenigen Brandenburgs wenig spüren ließ. Doch fehlte es auch nach dieser Seite nicht ganz an Streitpunkten.

Erwägt man nun ferner, wie es für Hamburg eine Lebensfrage ersten Ranges war, in den großen europäischen Kriegen jener Zeit mitsamt dem heimischen Strom **neutral** zu bleiben, und wie schwer dies doch durchzusetzen war gegenüber den so ungemein verschiedenartigen Interessen der beteiligten Mächte, — so muß man, um gerecht zu sein, anerkennen, daß die Politik des Hamburger Rats wahrlich keine leichte genannt werden kann.[1]

Hierzu kommt, daß die häufigen Kriege die Stadt oftmals zu unverhältnismäßigen Ausgaben für Befestigungen, „Soldateska" ꝛc. nötigten, daß mehrfach auch große Kontributionen gezahlt werden mußten, daß der Schutz der Hamburger Schiffahrt gegen Seeräuber und Kaper hauptsächlich der Stadt selbst zur Last fiel, daß sie auch die Schiffahrtszeichen bis Neuwerk und Helgoland herunter selbst unterhalten mußte, — Gründe genug, um die fiskalische Ängstlichkeit des Rats erklärlich zu finden.

Ja, man kann nicht einmal sagen, daß die **Zollpolitik** selbst so engherzig war, wie das hartnäckige Festhalten am Stapelzwang erwarten läßt. Vergleicht man die Hamburger

---

[1] Dies ist ein Punkt, in der ich Schmollers Ansicht durchaus nicht teilen kann, der l. c. p. 1090 die damalige handelspolitische Aufgabe Hamburgs im Gegensatze zu derjenigen Preußens als „sehr einfach" bezeichnet. Mir scheint, daß es weder zu jener Zeit, noch überhaupt jemals bis zur Gründung des neuen Deutschen Reiches für irgend eine deutsche Einzelregierung eine leichte Aufgabe war, die wirtschaftlichen Interessen ihrer Unterthanen oder Bürger mit Entschiedenheit zu vertreten.

Zölle mit denen anderer Länder, etwa mit den englischen, französischen oder preußischen Schutzzöllen, ja selbst nur mit den holländischen Finanzzöllen, so erscheinen jene als sehr mäßig. Bedenklich war es nur, daß man, bei der damaligen Lage des Hamburger Geschäftes, überhaupt so lange an ihnen festgehalten, daß man namentlich die Durchfuhr erst so spät freigegeben hat.

Sämtliche Hamburger Zölle waren ursprünglich nur dazu bestimmt, die Kosten wichtiger öffentlicher Leistungen im Interesse der Hamburger Schiffahrt zu decken, und der Rat hatte ganz Recht, wenn er dem Kaiser einmal schrieb, wohl niemand im ganzen Reiche besäße solche Zölle sub titulo magis oneroso. Allerdings waren die Einnahmen durch das gewaltige Wachsen des Weltverkehres allmählich viel größer geworden, als die Ausgaben, zu deren Bestreitung sie aufgelegt worden waren:[1]

I. Der Werk- oder Herrenzoll sollte ursprünglich nur zur Unterhaltung des Leuchtfeuers auf Neuwerk dienen, der Baken- oder Bürgerzoll zur Unterhaltung der Tonnen und Baken auf der Elbe. Jeder dieser beiden Zölle betrug für die nicht besonders in der Taxe aufgeführten Güter ⅜% beim Verkehre mit der See, während beim Verkehre mit dem Binnenland überhaupt nur der Werkzoll zur Erhebung kam. Außerdem gab es noch folgende Privilegien:

1. Die Mitglieder der englischen „Court" zu Hamburg, der Merchants adventurers Company, bezahlten für ihren Verkehr mit England nur Werkzoll und zwar nach einer besondern Zollrolle, vermöge deren sie nicht mehr als etwa ⅙ von dem Zolle der Bürger, Einwohner und anderen Fremden zu entrichten hatten. Vom Bakenzolle waren die Bürger jedoch hinsichtlich des englischen Verkehrs ebenfalls befreit.

---

[1] Das Folgende nach einem Berichte v. J. 1714, im Hamburger Staatsarchive Cl. VII Lit. Ea, P. 2 Nr. 1 vol. 1a. Aus andern Akten geht hervor, daß die Verhältnisse mindestens seit 1692 schon ebenso gewesen waren.

2. Die Dänischen Unterthanen (einschließlich der Norweger) hatten für die in ihrem Land erzeugten, sowie für die von hier dorthin versandten Waren keinen Bakenzoll zu zahlen, ebensowenig
3. die Lübecker Bürger für die Güter, welche auf der Fahrt zwischen ihrer Heimatstadt einerseits, Holland und England andererseits Hamburg passierten.
4. Das von der Oberelbe kommende, seewärts wieder ausgehende Getreide zahlte den sogen. „roten Zoll", eine geringe Abgabe, und war dafür auch bei der Ausfuhr vom Bakenzolle frei. Blieb es aber in Hamburg, so mußte bei der Ablieferung zur Mühle eine ziemlich hohe Mahlaccise, die Matte, entrichtet werden.

II. Der Admiralitätszoll wurde 1623 eingerichtet, hauptsächlich um die für den Schutz der Hamburger Schiffahrt aufgewendeten Kosten zu bestreiten. Gegen Ende des 17. Jahrhunderts betrug er:
1. beim Verkehre mit Frankreich und den spanischen Niederlanden $1/6$ %,
2. beim Verkehre mit Spanien, Portugal, Italien und weiter $1/3$ %, während
3. der Verkehr mit Holland, England, Rußland damals keinen Admiralitätszoll mehr zu zahlen hatte.

III. Das Convoygeld, 1662 auferlegt, um die Convoykosten zu decken, nachdem der Admiralitätszoll durch andere Ausgaben absorbiert worden war. Dasselbe betrug:
1. beim Verkehre mit England (nur Mitglieder der Court waren auch hier wieder frei), Frankreich, den spanischen Niederlanden und Rußland $5/8$ %,
2. beim Verkehre mit Spanien, Portugal, Italien und weiter $1 1/4$ %. Dagegen war
3. der Verkehr mit Holland frei.

Weder Convoygeld, noch Admiralitätszoll hatte der Verkehr mit den Skandinavischen Reichen zu bezahlen.

Außerdem gab es noch den ganz geringfügigen Schauenburger Zoll, Hamburg und Dänemark gemeinschaftlich zugehörig. Dagegen war der am „Zollenspieker" erhobene Eßlinger Zoll, von Lübeck und Hamburg gemeinsam verwaltet, nichts als einer der zahlreichen oberelbischen Zölle, mit denen wir es hier nicht zu thun haben.

Addiert man alles zusammen, sieht man von dem ganz unbedeutenden Schauenburger Zolle ab und berücksichtigt man auch von den Exemtionen nur den Erlaß des Bakenzolles für den englischen Verkehr, so war die Totalbelastung des Verkehres

1. mit Holland $3/4\%$,
2. mit England ca. $1 1/8 \%$,
3. mit Frankreich ca. $1 1/2 \%$,
4. mit Spanien, Portugal, Italien ꝛc. $2 1/3 \%$,

wobei indes zu berücksichtigen ist, daß ein großer Teil dieses Verkehres den Werkzoll nochmals zahlen mußte, insoweit er nämlich die obere Zollgrenze ebenfalls passierte.

Alle diese Zahlen können sodann nur ungefähre Anhaltspunkte liefern, da die meisten Güter ja in der Zolltaxe pro Stück, Sack, Pfund ꝛc. aufgeführt waren, was natürlich mit den obigen Wertsätzen nicht übereinstimmte. Jene Quantitätssätze wurden außerdem oft durch Verfügung des Rats oder gar nur der Zollherren abgeändert, worüber sich die Kommerzdeputierten im Jahre 1708 mit der Motivierung beschwerten, „daß die Schreiber auf den Zollen die Kaufleute öfters aufhielten und einerlei Waaren bald so, bald anders angegeben haben wollten, inzwischen die Zollrolle so geheim gehalten würde, daß unter zehn kaum einer solche zu sehen bekäme." Der Rat gab darauf zur Antwort, es sei gar nicht ratsam, die Zollrolle zu veröffentlichen, „weil hieraus leicht einige Jalousie und nachteilige Folgen entstehen könnten, da unsre Benachbarten in Possession ein oder andrer Exemption oder der Taxe von gewissen Gütern wären!"

Endlich gab es auch noch zahlreiche Nebengebühren („Accidentien" der Zoll- und anderen ähnlichen Beamten), die, an sich schon nicht unbeträchtlich, dem Verkehre noch weit lästiger wurden durch die damit verknüpften endlosen Plackereien und Weitläufigkeiten. Sowohl auf dem Herren-, wie auf dem Bürger-, wie endlich auch auf dem Admiralitätszolle erhielt jeder Schreiber und jeder Knecht pro Schiff eine gewisse Gebühr, und daneben mußten noch alle Schiffs-, Frei- und Zollzettel extra bezahlt werden. Handelte es sich um Wein, Brantwein oder Essig, so mußte man zur Weinaccise gehen und hier ebenfalls an Schreiber wie an Knecht Gebühr zahlen. Dann kam der Hafenmeister am Niedernbaum und derjenige am Deich, Zollschreiber und Zöllner, Baumschließer und Visiteur am Niedernbaum, der Zollaufseher am Winserbaum, die Aufseher an den Vorsetzen und an den „Cayen", der Aufseher des Holzzolls vor dem Deichthore, der Börtmeister oder Gildeknecht, — alle hatten sie ihre „Accidentien", von den Zöllnern am Stein-, Millern- und Dammthore ganz zu schweigen.

Dazu kamen endlich noch allerlei überflüssige Nebenspesen, die in keiner Taxe verzeichnet waren. Eine Beschwerde der Hamburger Holzhändler an den Rat wegen Stapelumgehung schildert im Jahre 1694 die für uns freilich recht ergötzlichen, für die Petenten aber augenscheinlich sehr nachteiligen Zustände ihrer Branche folgendermaßen[1]:

„Man kann die Schiffer nicht dahin persuadiren, ihre „Befrachtung hie zu suchen, es sey denn daß man ihnen „30—35 fl. per Schiffsladung mehr verspricht, als sie in Har„burg bekommen, maßen sie dort an Zoll und anderen Un„kosten so viel ersparen. Auch verlangen sie, des Laufens und „Rennens wegen ihrer Spedirung hier überhoben zu werden.

---

[1] Dies sowie alles folgende, insofern keine andere Quelle genannt wird, ist entnommen zwei mit »Porto franco« bezeichneten handschr. Sammelbänden der Hamburger Kommerzbibliothek. In einem derselben ist alles zusammengestellt, was die Vertreter der Kaufmannschaft, die Kommerzdeputierten, laut ihrer Protokolle über Porto franco und Transito bis zum Jahre 1761 verhandelt haben. Der andere Band enthält verschiedene auf die gleichen Sachen bezügliche Schriftstücke. Außerdem benutze ich namentlich noch das Hamburger Staatsarchiv (St. A.).

„Sie müßten zuerst nach dem Schwedischen Controleur, „dann nach dem Gildeknecht, dann nach den Zollen, und „von diesen nach dem Visiteur am Meßberge gehen. Haben „sie endlich den Zollzettel von den eingenommenen Holzwaaren „erlangt, so müßten sie wieder nach dem Visitirer laufen. „Wenn der nicht zu Hause, könnten sie den Niedernbaum nicht „passiren oder da er zu Hause, würden sie vielfältig wohl mit „Fleiß aufgehalten, ehe er sie mit der Unterschreibung befördert, „in der Hoffnung, daß sie noch in der Zwischenzeit „eine kleine Zeche von seinem Wein machen „möchten. Würden sie aber befördert, müßten sie doch erst „mit der Unterschrift nach dem Niedernbaum eilen und von „da nach dem Zöllner auf der Vorsetzung bis am Neuen Weg „hinlaufen, — was sie denn oft bis in den Abend hinein auf= „hielte und ermüdete, so daß sie auch wohl Wind und Wasser „darüber versäumen müßten." Ferner beschweren sich die Holz= „händler darüber, „daß ihre Wracker (beeidigte Holzprüfer) „guten Theils sich dem Trunke ergeben und auf den Mittag „erst an die Arbeit gehen, und nach ihrem Gefallen arbeiten. „Schiffer und Kaufleute werden durch solche liederliche Trunken= „bolde sehr aufgehalten, was an andern Orten nicht zu „befahren ist, denn dort mangelt es nicht an „Leuten, die für 6 gute Groschen des Tags von „Morgen bis auf den Abend nacheinander weg „arbeiten."

Sehr drückend für die Schiffer sei auch, daß sie selbst wenn ledig aus Holland kommend, dennoch den vollen Zoll zahlen müßten, was namentlich sehr hart sei bei kleinen Schiffern, die mit Weib und Kind über See fahren für 70, 80, 90 fl. (holl. fl.) Fracht und unmöglich so viel Zoll zahlen könnten, wie die größeren Schiffe.

Aus alledem ersieht man, daß die Belästigung, welche dem Hamburger Stapelverkehre aus der bloßen Zollzahlung erwuchs, nicht die einzige, vielleicht nicht einmal die schlimmste war. Um so erklärlicher ist es, wie trotz der mäßigen Höhe des Zolles die

Umgehung des Hamburger Stapels seit etwa 1685/90 immer massenhafter wurde, seitdem mit Zunahme des Exports binnenländischer Artikel auch die Selbständigkeit der dortigen Händler und Schiffer wuchs, seitdem ferner Brandenburg, das seit 1680 Magdeburg besaß, den Hamburger Privilegien immer ernstlicher zu Leibe ging, und als zugleich in Altona die Rührigkeit einiger Kaufleute, unter denen namentlich Van der Smissen hervorragt[1], sowie die Begünstigung der dänischen Regierung, das dortige Kommissions- und Speditionsgeschäft zur Blüte brachte.

Das ist der Zeitpunkt, bei dem die Bestrebungen zur Einführung eines zollfreien Verkehres in Hamburg ihren Anfang nahmen. Doch war dies auf lange Jahre hinaus durchaus nichts mehr als eins der Mittel, an die man dachte, um den verfallenden Hamburger Stapelzwang wieder zu beleben. Denn, so sonderbar es uns erscheint, hieran hielt man immer noch mit aller Zähigkeit fest, ohne sich des innern Widerspruchs zwischen Zollfreiheit und Stapelzwang bewußt zu werden. Man ging eben nicht von volkswirtschaftlichen Theorien aus, sondern von momentanen dringenden Bedürfnissen und Gefahren. Erst im Laufe der hundertjährigen Diskussion gelangte man zu festen Prinzipien, wobei die sich damals gleichfalls erst klar entwickelnden Anschauungen der holländischen und englischen Freihändler einen bedeutenden Einfluß ausgeübt haben.

III.

Die erste nachweisbare Anregung zur Errichtung eines „Porto franco" in Hamburg findet sich in den Protokollen der Kommerzdeputierten unter dem 21. November 1692. An diesem Tage berichtete Präses Boon auf der Admiralität in einer Versammlung einiger Kommerzdeputierter und Adjungierter u. a., es sei ihm

---

[1] Über diesen hochverdienten Mann vgl. Wichmann, Geschichte Altonas p. 98 ff.

von mehreren Kaufleuten hinterbracht worden, „daß viele Waaren „um die Stadt geführt würden, worunter der Zollen litte, wie „denn auch eine große Menge Güter in Altona abgeladen „würden, weil sie da zollfrei wären, welches der Schiffahrt „und den Commercien zum Nachtheile gereichte. Nun wäre „wohl von Porto franco geredet, daß man den Gütern „solchen genießen ließe, allein es müßte ein Modus erfunden „und darüber deliberirt werden, wie es am besten zum „Fundament zu bringen."

Die Versammlung beschloß darauf, einen Meinungsaustausch zu veranlassen über jene Anregung, „wie es am besten damit „ins Werk zu richten, ob alle durchgehenden Güter hier „Porto franco seyn sollen, ausgenommen Güter so mit Convoy „gingen." — Man dachte sich demnach als „Porto franco" eigentlich nur freie Durchfuhr.

Die ganze Anregung blieb indes ohne alle sichtbaren Folgen, und erst 1½ Jahr später, am 21. Mai 1694, beschlossen die Kommerzdeputierten, unter dem Präsidium eines Amsinck „um die Handlung aller Waaren und Orten besser beizu= „behalten, mit den Herren Adjunctis zu deliberiren, wie das „Porto franco zu erhalten, und damit auf ein oder zwei „Jahre zu versuchen, und ob nicht deswegen ein Haus am „Grasbrook an der Elbe zu bauen". — Hier taucht also der Gedanke eines Freilagers auf, das auf einem kleinen Teile eben desselben Gebietes errichtet werden sollte, welches künftig das große Hamburger Freihafenviertel einnehmen wird.

Die nächste Äußerung findet sich erst nach Verlauf eines weiteren halben Jahres. Am 31. Oktober 1694 nämlich zeigte Präses Beckhoff den versammelten Kommerzdeputierten an, er sei gestern von den Ratsherren Sillem und Anckelmann an= gesprochen worden, man möchte sich zusammenthun „wegen des „Umfahrens und Verfahrens des Zollens, der Lüneburger „Waaren und Fuhren, ja wohl gar von Porto franco einzurichten „geredet, möchten also darüber deliberiren, mit den Herren Adjunctis „und noch ein paar erfahrenen Schiffern die Sache bereden, wie

„es vorerst bey ihnen auf einen guten Fuß zu stellen und etwas
„aus dem gröbsten zu helfen, wie denn desfalls seine Meinung
„wäre, die Herren Adjungirten nebst Schiffern Hinrich Martens
„und Dirck Hilbrantsen Groth, die alt wären und Erfahrung
„hätten, fordern zu lassen". — Die Versammlnng beschließt dem=
gemäß und seitdem bleibt die Sache einige Monate lang auf der
Tagesordnung. Es könnte hier scheinen, als ob der Rat sich
schon damals für den Porto franco interessiert hätte. Indes geht
aus dem weitren Verlaufe der Angelegenheit das Gegenteil
hervor, wenn auch einzelne Ratsherren sich gelegentlich mit
dem Gedanken beschäftigt haben mögen. Aber wohl niemand
war sich damals schon über das erstrebenswerte Ziel einigermaßen
klar geworden. Dies zeigte sich gleich in der am 3. November
abgehaltenen Versammlung der Deputierten und Adjungierten,
welcher als Sachverständige die obengenannten zwei Schiffer bei=
wohnten. Hier trug Präses Beckhoff vor, „man müßte wegen
„des Porto franco bedacht seyn, weil es ein Werk, das künftig
„wohl mit in die Bürgerschaft müßte, wie es ins Werk zu stellen,
„und wenn es auf den Gütern nachgelassen werden, man ein
„Mittel finden müßte, wo es wieder per ein Äquivalent herkäme".
(Diese Frage eines fiskalischen Äquivalents spielte seitdem in den
Verhandlungen stets eine Hauptrolle.) Demgegenüber beschloß nun
aber die Versammlung

1. „es wäre nöthig, bei dem Rathe wegen der Branden=
„burgischen und Lüneburgischen Tractaten zu
„vernehmen, von den Privilegiis auf dem Elb=
„strohme, wie sie lauteten, denn man dafür hielte, daß
„alte Privilegia und Tractaten vom Kayser mit der
„Stadt wären, darin der Stadt der Elbstrohm frey
„gegeben, die Waaren verzollen zu lassen, wie denn an
„dem Elbstrohme nach oben das bunte Haus ꝛc. von
„der Cämmerei unterhalten würde, denn sie gerne
„sähen, daß solche alte Freyheit mögte unter=
„stützet und wie vor diesem gehalten ferner fort=
„gepflanzet werden, daß nämlich die welche der

„Stadt vorhin vorbey gefahren, müßten vor
„den Baum legen und verzollen. — Das sollte
„bei den betr. Potentaten oder deren Ministern in Liebe
„und Freundschaft gesucht werden." —

In erster Linie wünschten also die Vertreter der Kaufmann=
schaft Aufrechterhaltung der alten Stapelprivilegien, hier sogar
noch mit entschieden fiskalischer Tendenz. Das bunte Haus,
oberhalb Hamburgs an der Gabelung von Norder= und Süder=
elbe erbaut, sollte letztere für die Umgehung des Stapels un=
brauchbar machen.

2. Wegen des Porto franco dagegen verlangten sie reifliche
Überlegung und Einholung von Informationen über
andere ähnliche Einrichtungen, waren aber über letztere so
schlecht unterrichtet, daß sie nur ganz allgemein auf Spanien,
Portugal ꝛc. verwiesen. Sie fanden den P. fr. „bey
„dieser Zeit nicht wohl practicable", verlangten
„indeß darüber E. H. Rathes Meynung zu vernehmen,
„wie der Modus deswegen einzuführen, die Handlung
„wieder beyzubringen, wie vorhin geschehen. Die
„Häfen so Porto franco hätten, hätten alle ihre beson=
„deren Häuser, so auf practisirenden Fall hier auch zu
„bauen wären."

Diese Beschlüsse überbrachte Präses Beckhoff am 12. No=
vember auf der Admiralität einigen Ratsdeputierten. An ihrer
Spitze stand der Syndikus von Bostelen, der seitdem regel=
mäßig für den Rat die Portofranko=Sache zu behandeln hatte.
Leider behandelte er sie nur zu wenig. Seiner Verschleppungs=
praxis ist es nicht an letzter Stelle zuzuschreiben, daß zwanzig
Jahre hingingen, ehe ein entscheidender Schritt in dieser wichtigen
Angelegenheit geschah. Auf die Anfrage der Kommerzdeputierten
antwortete von Bostelen, „wegen der Brandenburgischen
„Privilegien, daß vor langen Jahren welche wegen der
„freyen Fahrt gewesen wären von wegen dem Elbstrohme,

"allein deren wären sie jetzt quitt und los[1]. Hiernächst "hätten sie mit Lüneburg keine sonderliche Verständniß, "aber wohl, daß die Schiffer hier anlegen und verzollen müßten, "und wäre wohl in Güte was dort zu erhalten, mit Macht "aber nicht, wenn aber ein Stärkerer darüber käme, würde es "so nicht (d. h. ohnehin nicht) geschähen können. E. H. Rat sähe "es für eine schwere Sache an, und könnte es besser erst vom "Commercio meditiret werden. Möchten ihre Meinung dann "dem Rathe mittheilen."

Jene Äußerung wegen der Brandenburger Privilegien bezieht sich, wie der folgende Passus ("keine sonderliche Verständniß") beweist, auf ausdrückliche Anerkennungen des Hamburger Stapelrechts seitens Brandenburgs. Das Stapelrecht selbst auch nur Brandenburg gegenüber als längst erloschen zu bezeichnen, lag dem Rate jedenfalls sehr fern, hatte er doch noch 1688 auf die dortigen Angriffe hin erklärt, an der Stapelgerechtigkeit hänge das ganze Wohl und Wehe der Stadt.[2] Indes mußte den Kommerzdeputierten die jetzige Äußerung des Rates natürlich wenig trostreich erscheinen. Daher begannen sie das Partofranko=Projekt etwas ernstlicher zu erwägen und faßten — rasch genug! — noch am selben Tage den Beschluß, "daß alle Güter von oben und unten kommend, "aber was durchginge allein, sie gehöreten Fremden, "Bürgern, Einwohnern oder Contractsverwandten zu, müßten "portofranco sein. Da dann solche Güter in zwey gewisse "Käufhäuser, eins oben und eines unten an der Elbe, gelegt "und mit Bedienten versehen werden, was aber hier offen "gemacht, besehen, taxiret, gekaufet und verkauft, "auch was in sechs Monaten nicht wieder aus den Kauf-

---

[1] So geben die Protokolle der Kommerzdeputierten die Äußerungen des Syndikus wieder. In Wirklichkeit wird er sich gewiß etwas besser und klarer ausgedrückt haben. Doch war es Grundsatz des Rates, sich in die auswärtigen Angelegenheiten niemals hineinreden zu lassen.
[2] Schmoller l. c. p. 1080.

„häusern genommen würde, müßte den Zoll bezahlen. De=
„putirte faßten dabey den Schluß, einen umständlichen Aufsatz
„davon durch ihren Advocaten, den Herrn Lic. Amsing, machen
„zu lassen.

Von den hier ausgesprochenen Gedanken wurde der eines
Freilagers später nicht verwirklicht. Dagegen hat man an der
— sehr kurzen — sechsmonatlichen Präklusivfrist für den
Genuß der Transitofreiheit stets festgehalten. Gegenüber dem
Grundsatze, daß hinsichtlich dieser Freiheit alle Personen gleich
gestellt werden müßten, wurde geltend gemacht, der Porto franco
sei nur für die fremden Faktorei= und Kommissions=
güter durchführbar, die Bürger dagegen würden vermöge
ihres Bürgereides stets Zoll zu zahlen verpflichtet
sein. Auf dieser Seite hatte man also schon ausschließlich die
Förderung des Kommissionsgeschäfts im Auge; wie das ja
auch der seit über 100 Jahren herrschenden Verkehrstendenz
ebensowohl entsprach, wie dem Plane einer zollfreien Durch=
fuhr. Es bekämpften sich eben damals in der Kaufmannschaft
das monopolistische Bestreben nach Wiederbelebung des alten
Stapelverkehres und der Wunsch, sich im Kommissionsgeschäfte
nicht von anderen Plätzen überflügeln zu lassen.

Jenem Monopolgeiste entsprach es, daß die Kommerz=Depu=
tierten am 15. November auf ihr Votum vom 12ten zurückkamen,
wonach „E. H. Rathe vorzustellen wäre, daß gütlich versucht
„werden möchte, bei den Häusern Lüneburg die Schiffer dahin
„zu halten, vor diese Stadt zu legen und zu verzollen, auf daß
„die Privilegien möchten renoviret und wieder in vorigen
„Stand gesetzt werden." Dagegen war die von Lic. Amsing
verfaßte Schrift wegen des Porto franco wieder überwiegend
freiheitlich gehalten. Dieselbe hatte den Titel: „Unvorgreif=
licher Vorschlag, wie die von hinnen an die benach=
barten Oerter gezogenen Commercia wieder retabliret
und anhero gebracht werden könnten." Folgendes war
ihr Hauptinhalt:

Die Deputirten des Commercii hätten reiflich erwogen, wie

„die Handlung, so nicht etwa von Altona allein, sondern
„nach allen in der Nähe umhergelegenen Ortern eine Zeit her
„gezogen werden wolle, wieder anhero gebracht werden möge.
„Je mehr sie aber dies Werk untersuchet, je mehr Schwierig=
„keiten fänden sie bey demselben, indem bekannt, welchergestalt
„dem trafiquirenden Kaufmanne der Orten bereits durch allerhand
„Zoll= und andere Freyheiten das Thor soweit geöffnet, daß man
„nicht sähe, wie ohne Einräumung merklicher Avantagien hierunter
„was fruchtbarlichs gehofft werden könnte. Daher dann die
„Majora dahin gingen, daß vor der Hand kein zulängliches Mittel
„ausgesonnen werden dürfte, als daß ein Porto franco auf
„alle durchgehende Güter ohne Unterschied beliebet würde,
„auf den Fuß, wie anderer Orten solches practisiret wird. Daß
„nämlich sowohl am Obern= wie am Niedernbaum, wo
„die Güter hereinkommen, ein absonderliches Haus,
„darin alle einkommenden Güter niedergelegt werden
„könnten, erbauet und was alsofort oder innerhalb
„6 Monaten Frist spediret würde, frey von allen ein=
„und auskommenden Zollen abgefolget, was aber nach
„Ausgang der 6 Monathen erst abgefordert werden mögte, in
„den sonst gewöhnlichen ordentlichen Zollen verfallen wäre,
„und zwar ohne einigen Unterschied der Personen,
„denen die Güter gehören möchten, sie seyen Bürger oder Ein=
„wohner, einheimisch oder ausheimisch. Denn weil der trafi=
„quirende Kaufmann mit nichts mehreres gewonnen
„werden könnte, als mit Zollfreyheiten, so dachte man,
„wenn er solche Freyheit fände, so würde er viel lieber hiesigen
„Hafen und hiesigen Stapel, der für allen umherliegenden
„viele Prärogativen jederzeit gehabt und noch hat,
„erwählen nnd beybehalten, als daß er um kleiner Absicht
„und geringerer Avantage willen, dieselben quittieren sollte."
Zwar müßten Depp. Komm. gestehen, daß es bei jetziger Er=
schöpfung des Kammergutes an sich unrathsam erscheine, Zoll=
freiheiten zu proponieren. Aber der Rat möge bedenken, ob dies
nicht doch das geringere Uebel sei, und ob es nicht einen weit

größeren Ruin der Stadt nach sich zöge, „da das Commercium „von dieser guten Stadt gar ab und an andere benachbarte Städte „völlig hingezogen würde, als wenn etwan der Zoll von allen „durchpassirenden Waaren nur auf einige Zeit, bis der Be= „nachbarten Intention etwan unterbrochen oder zu „nichte gemacht, aufgehoben würde." Wenn man dann noch auf einen Ersatz für den Ausfall an Zolleinnahmen bedacht wäre, so meinten Depp. Comm., „daß dann dieser Vorschlag nicht eben so gar nachtheilig und verwerflich wäre." Der Einwurf, daß die Bürgergüter zollpflichtig bleiben müßten, sei nicht ohne Grund. Doch sei man nach reiflicher Überlegung zu der Ansicht gekommen, „daß eine Restriction (i. e. auf Fremdengüter) schwerere Nachtheile nach sich führen würde, als eine Extension." Übrigens würden sie bessere Vorschläge des Rates freudig begrüßen.

Diese Denkschrift wurde am 3. Dezember 1694 dem Rate übergeben. Man sieht sogleich, wie ihr trotz der schönen freiheitlichen Redensarten dennoch der Wunsch nach Behauptung des Stapelrechtes zu Grunde liegt. Nur als Kampfmittel wollte man die Zollfreiheit einführen, und genau so, wie man heutzutage umgekehrt Kampfzölle verwendet, um größere Verkehrsfreiheit zu erlangen, wollten die Hamburger Kaufleute damals die freie Durchfuhr gewähren, um ihre Konkurrenten zur Wiederherstellung des normalen Zustandes d. h. der Unfreiheit zu nötigen.

Am gleichen Tage wie diese Denkschrift ging dem Rate auch die schon erwähnte Eingabe der Hamburger Holzhändler zu. Sie war in entschieden freiheitlichem Geiste gehalten, und das hatte seinen guten Grund. Denn im Holzhandel waren die mit dem Stapelzwange verbundenen Belästigungen so arg und andererseits die Unmöglichkeit, denselben durchzusetzen, so augen= scheinlich, daß man nur durch sofortige Gewährung möglichst großer Freiheit hoffen konnte, diesen wichtigen Handelszweig für Hamburg zu retten.

Jene Belästigungen, so führten die Holzhändler aus, könnten wohl durch Vereinfachung der Zollmanipulationen größtenteils beseitigt werden. Indes sei es „ein fast unvermeidliches „Gravamen, daß denen Haarbürgern so wenig als anderen im „Reiche liegenden Holländern die Befrachtung an der Börse „nicht gehemmt werden kann, indem solche von Jeder= „männiglich frei betreten werden mag. Daher die „Schiffer auch haufenweise vor Altona mit ihren ledigen Schiffen „setzen und was passirt, an der Börse ausforschen, „hernacher partheyenweise an obgedachte Örter gehen." Dagegen könnten die Hamburger Holzhändler aus Mangel an Schiffen ihre Ware nicht abladen und verkaufen. Wird dem nicht gesteuert, so müßte der Holzhandel sich ganz nach den Orten hinziehen, wo man das Holz abladen kann, weil es von da ungesäumt mit wenigen Kosten und Zöllen nach Holland ꝛc. weitergeschifft werden darf.

Klarer als hier kann die Unvereinbarkeit des alten Stapel= zwanges mit dem modernen Börsenverkehre nicht demonstriert werden. Demgemäß empfiehlt denn auch die Eingabe geradezu, die Erlaubnis zu erteilen, „daß Gast mit Gast unge= „scheut handeln möchte, was durch die Mäkler jetzt verhindert wird." Diese letzte Bemerkung liefert uns ein merkwürdiges Beispiel von der Unvollkommenheit wirtschaftlicher Einrichtungen, deren Überwachung zu einem Interesse privi= legierter Personen gemacht wird. In der zweiten Hälfte des 16. Jahrhunderts nämlich hatte man den Mäklern aufgetragen, den Verkehr zwischen Gast und Gast zu hintertreiben. Dies gehörte zu ihren Amtspflichten, auf die sie vereidigt wurden.[1] Jetzt, nach hundert Jahren waren es umgekehrt diese vereidigten Mäkler, welche den Handel zwischen Gast und Gast gegen den Wunsch der einheimischen Händler verhinderten, um selbst an ihrem Verdienste nichts einzubüßen.

Am 12. Februar 1695 antwortete der Rat auf die Denk= schrift der Kommerzdeputierten, indem er acht Gründe angab,

---

[1] Ehrenberg, Hamburger Handel und Handelspolitik im 16. Jahr= hundert p. 37.

welche ihn veranlaßten, das Portofranko-Projekt abzulehnen und weitere acht Punkte aufstellte, mit Vorschlägen zur Beseitigung der jetzigen Übelstände. Hierüber wurde eine gutachtliche Äußerung der Kommerzdeputierten verlangt, die denn auch am 25. Februar erteilt wurde. Replik und Duplik sind hier nebeneinandergestellt, weil so am besten die Verschiedenheit der beiderseitigen Anschauungen zu Tage tritt.

Gründe des Rats gegen den Porto franco.

1. Es gäbe in Hamburg selbst „ein oder andere „eigennützige Leute, welche „unter dem in benachbar= „ten Örtern anwachsen= „den Commercio allerhand „Unterschleife mit treiben, „ohne welche jener Zuwachs „vermuthlich nicht so groß zu „bedeuten haben würde." Es sei besser, dies mit Nachdruck zu verhindern, als „um solcher Malversationen willen" die gerade in jetziger Zeit so wichtige Zolleinnahme ganz wegzugeben.

2. Auch sei man nicht sicher, ob jener Aufschwung der Nachbarstädte nicht „durch andere Facilitäten und Avantagen" befördert worden sei, wie ja die Eingabe der Holzhändler selbst angäbe. Wenn man nun den Portofranko einrichten und so große Kosten aufwenden wollte, so

Duplik der Kommerzdeputierten.

ad 1. Diese Unterschleife werden keineswegs gebilligt. Es solle ihnen mit Nachdruck begegnet werden. „Aber damit „ist der Weg nach Altona noch „nicht gesperret."

ad 2. Solche Facilitäten und Avantagen wären gar leicht auch hier zu practicieren, wie in eben der Schrift vom Holzhandel schon vor Augen. Kommt nun der Portofranko noch hinzu, so wäre der Erfolg ganz sicher. Wegen der Kosten würde sich schon ein Ausweg finden lassen.

wäre man nicht einmal des Erfolges sicher.

3. „Wenn sich einzelne Per=„sonen jetzt schon kein Gewissen „daraus machen, die so geringen „und leidlichen hiesigen Zölle zu „defraudiren, so würde dies bei „einem Portofranko noch viel „ärger werden und endlich „die ganze Zollgerechtig=„keit zu Boden fallen."

4. Nicht allein die ansehn= lichen Zolleinkünfte würden fort= fallen, sondern noch obendrein schwere Kosten erwachsen.

ad 3. Auch diese Schwierig= keit sei nicht unüberwindlich, und die Zollgerechtigkeit selbst könnte doch unmöglich dadurch gefährdet werden.

ad 4. Was an Zoll abginge, würde durch Zunahme der Handlung wieder eingebracht werden. Die Kosten der Nieder= lage würden nicht groß sein und sich leicht aus den Nieder= lagsgeldern decken lassen.

5. Nach Einrichtung des Portofranko würde es eine pure Unmöglichkeit sein, den jetzigen Zustand wiederherzustellen.

ad 5. Man könnte sich ja die Wiederaufhebung aus= drücklich vorbehalten und das Ganze nur als Versuch behandeln.

6. Der Rat sieht nicht ein, woher man das vorge= schlagene Äquivalent für den Verlust der Zollintraden nehmen will. Die Kontribution (di= rekte Steuer) würde ohnehin schon so schwer bewilligt, reichte auch nicht zu. Ferner sei es aber überhaupt eine Unbillig= keit, den Witwen, Waisen, Armengeldern ꝛc. eine Last aufzubürden, „welche der,

ad 6. Die Zollintraden wür= den sich trotz des Portofranko eher aufbessern, als verringern. Anderenfalls wäre leicht ein Ersatz zu finden, ohne Witwen und Waisen zu beschweren. Auch hätten manchmal Andere von der Kauf= mannschaft mehr Vor= teil als der Kaufmann selbst, wie denn z. B. die Grönlandsfahrer seit vielen

"gesunden Vernunft und der "ganzen Welt Gebrauch "nach, denen obliegt, die "wo nicht den alleinigen "doch den größesten Ge= "winn davon haben."

7. Es sei bekannt, daß ein Portofranko nur an solchen Orten errichtet werde, „die erst zur Handlung gewidmet wer=den sollen" (!?). Aber es sei schwerlich ein Beispiel aufzufin=den, „daß ein Ort, da das "Commercium schon eine lange "Zeit en vogue ist, die Zölle "sollte abgeschaffet und ein Porto "franco eingeführt haben." Ja, die Stadt Genua habe niemals „zu diesem desperaten Reme=dio" greifen wollen, obwohl ihr durch die Immunitäten zu Li=vorno kein geringer Schaden zu=gefügt worden ist.

8. „Da endlich nichts in "dieser importanten Sache ohne "Consens und Genehmigung "gesammter Erbgesessener Bür="gerschaft gethan werden "könne, werden Depp. Comm. "selbst begreifen, wie schwer, "ja unmöglich solche zu "erhalten sein werde, ja "wie schon deren Proponirung, "viel mehr die Zumuthung eines

Jahren von ihrer Handlung nicht nur Schaden, die Rheder dagegen Nutzen gehabt hätten.

ad 7. Solche Beispiele wür=den sich wohl finden lassen. Doch seien Depp. Comm. mit dem Rate darüber einig, „daß "wo ein heilsameres und "besseres Remedium, die "gefallene Handlung in "vorigen Stand zu setzen, "als dieses noch vorhan="den, man besser thun "würde, daß man darunter "dem Exempel der Stadt "Genua folgte."

ad 8. Es würde nicht so schwer sein, die Einwilligung der Bürgerschaft zu erlangen, zumal wenn das Äquivalent für den Ausfall nicht von ihr getragen werden würde, sondern vom Commercium.

Wollte übrigens der Rat das Portofranko Projekt durchaus nicht annehmen, so könnten ja Depp. Comm. dasselbe in

„Äquivalents vielen schädlichen „Verdacht, widrige Deutung und „gefährliche Inconvenienten er= „erwecken dürfte."[1]

Die eigenen Vorschläge des Rates.

1. Durch scharfe Strafen und Denunciationsprä= mien die oben (Nr. 1) beklag= ten „Unterschleife" zu unter= drücken. Es müsse ohne An= sehen der Person ein Exempel statuiert werden, „daß Anderen „die Lust zu solchen Abwegen „dadurch versalzet und vertrie= „ben werde."

2. Kein hiesiges Schiff soll beim Abgehen die geringste Ladung einnehmen, die nicht sofort deklariert wird. Zu dem Zwecke sollen die schon vordem verfügten drei Zollzeitel wieder eingeführt und jede Unterlassung mit schwerer Strafe geahndet werden. Auch sollen die hiesigen Schiffe in fremden Ländern bei suspenso lassen und abwarten, bis man etwa sähe, wie die Verhandlungen mit den benachbarten Fürsten wegen der Vorbeiführung ablaufen würden. Wollten letztere zugestehen, daß die Güter, so ihre Länder passierten, dieser Stadt nicht vorbeigeführt würden, damit wäre schon viel erreicht.

ad 1. Einverstanden; doch bitten die Depp., ihnen etwaige Neuerungen vorher mitzuteilen.

ad 2. Dies wäre nicht ohne großen Schaden von Schifffahrt und Handel durchzuführen. Es würde nur den fremden Schiffen und den benach= barten Orten zu Gute kommen.

---

[1] Über die damaligen finanziellen Streitigkeiten zwischen Rat und Bürgerschaft vgl. Gallois, Geschichte der Stadt Hamburg, II, 162 ff.

ihrer Rückreise kein einziges Stück einnehmen dürfen, das nicht nach Hamburg konsigniert ist. Dies wäre ganz leicht durchzuführen, wenn nur Schiffsrheder, Befrachter und Schiffer redlich und ernstlich dabei mitwirkten. Hierzu müßten sie sich durch Unterschrift eines Reverses verpflichten.

3. Auf Mittel und Wege bedacht zu sein, wie eine beständige Convoy zwischen England und Hamburg einzurichten sei.[1]

4. Unter solcher wie unter jeder andren Convoy sollen nur die Schiffe mitgenommen werden, welche aus dieser Stadt befrachtet und wovon die Listen dem Convoy-Kapitäne vom hiesigen Zolle aus zugesandt worden sind. Wollten dennoch andere Schiffe mitsegeln, so

ad 3. Sehr willkommen. Hätte nur schon im Anfange des Krieges geschehen müssen, wodurch schwerer Schaden verhütet worden wäre.

ad 4. Dies dagegen wäre gar nicht ratsam, denn unsre Schiffe, die sich täglich fremder Convoy bedienen, würden dadurch nur Retorsionen ausgesetzt werden.

---

[1] Der große Verkehr mit England entbehrte, trotz vielfältigen Bitten der Kaufmannschaft, noch des dringend notwendigen regelmäßigen Geleites durch Kriegsschiffe. Der Rat erklärte stets, es sei kein Geld dafür übrig; die englische Court, welche die Convoy selbst sehr wünschte, wollte doch nichts dazu beitragen; auch wurde die Sache aus politischen Gründen widerraten. So gab es denn nur englische und gelegentliche Hamburger Convois. Bremen dagegen hatte solche schon dauernd eingerichtet, was ihm viel Verkehr auf Kosten Hamburgs zuführte. — Wegen der Fremdwörter „Convoy" (nicht aus dem Französischen, sondern aus dem Holländischen entnommen), „Court" ꝛc. bemerke ich noch, daß ich mich in Bezug auf Rechtschreibung und Geschlechte dieser Wörter nach dem Gebrauche der damaligen Zeit richte.

sollte man sich derselben bei aufstoßenden Kapern und andern Ungelegenheiten nicht annehmen.

5. Alle Mißbräuche und Ungelder beim hiesigen Zollen sollen abgeschafft werden und man soll überhaupt auf alle ersinnliche Mittel bedacht sein, um die hiesige Navigation zu facilitieren.

ad 5. Höchst zweckmäßig und billig.

6. (Nicht von Belang).

7. Den Vorbeiführungen zu Wasser und zu Lande möglichst zu steuern.

ad 7. Mit allen Mitteln dahin zu streben, daß mit den fürstlich Braunschweig-Lüneburgischen Häusern eine Verständigung erzielt werde, nicht hiervon abzulassen, solange noch die geringste Hoffnung vorhanden.

8. Zu veranstalten, daß die remden Fuhrleute, welche Waren nach Altona ꝛc. bringen und von da ledig hierher kommen, hier keine Fracht zur Rückreise annehmen dürfen oder bekommen können.

ad 8. Auch dies würde zu dänischen Retorsionen führen.

Ich meine, die ausführliche Wiedergabe dieses Dialoges wird nicht ohne Nutzen gewesen sein. Wir sehen, wie monopolistisch beide Teile gesinnt waren. Beide betrachten das Portofranko-Projekt als „ein desperates Remedium". Nur vertritt der Rat in erster Linie das fiskalische Interesse, das er durch den Plan schwer bedroht glaubt. Deshalb das Bestreben, die kommerziellen Vorteile des Projekts möglichst niedrig anzuschlagen. Stattdessen empfiehlt der Rat die schärfsten, ja brutalsten Repressivmaßregeln, ohne die Folgen derselben für den Handel hinreichend zu erwägen.

Umgekehrt hat die **Kaufmannschaft** zunächst die **Abnahme des Handels im Auge.** Da sie die bisherigen Mittel als unzulänglich, die vom Rate vorgeschlagenen als unheilvoll erkennt, will sie versuchen, ihre monopolistischen Ziele durch vorübergehende Einräumung größerer Freiheit zu erreichen. Und weil sie sich mehr und mehr mit diesem Gedanken befreundet hat, ist sie geneigt, die dem Plane entgegenstehenden Schwierigkeiten zu unterschätzen.

Wie erklärlich die fiskalischen Bedenken des Rats waren, geht schon daraus hervor, daß im Zeitraume 1670—1700 der Herrenzoll durchschnittlich p. a. 108000 ℳ eintrug, der Bürgerzoll 51000 ℳ, zusammen also ca. 159000 ℳ, gewiß erheblich mehr als 10% der durchschnittlichen ordentlichen Staatseinnahmen (abzüglich der Anleihegelder), die selbst im Fiskaljahre 1700/1 erst ca. 1200000 ℳ betrugen.[1] Noch im ganzen Zeitraume 1700/50 bildeten die Erträge der beiden Hauptzölle zusammen den größten Einzelposten der ordentlichen Staatseinnahmen, obwohl letztere inzwischen über 2000000 ℳ hinausstiegen.

Von 1695—1698 herrscht in der Portofranko=Sache fast vollständiges Stillschweigen, vielleicht infolge anderweitiger Veranstaltungen gegen die Umgehung des Stapels, besonders hinsichtlich des Kornhandels.[2] Zwar fehlt es nicht an einigen

---

[1] Die alten Hamburger Zollbücher sind leider fast sämtlich verloren gegangen. Meine finanzstatistischen Daten entstammen teils den Kämmerei-Bilanzen, die ich indes nur für den Zeitraum 1700—1750 durchgesehen habe, teils einigen Zusammenstellungen, welche sich ebenfalls im Staatsarchive (Cl. VII Lit. Ea Pars. 2 No. 6a vol. 5) befinden. Für Admiralitätszoll und Convoy=Geld, die von der Admiralität ganz selbständig verwaltet wurden und nicht einmal in den Kämmerei=Rechnungen erschienen, fand ich bisher nur die Zahlen pro 1690, in welchem Jahre der Admiralitätszoll 29400 ℳ betrug, das Convoy-Geld 60300 ℳ. Letzteres wurde dann aber 1692 erhöht.

[2] Vgl. hierüber Schmoller p. 1081. Eine andre Darstellung in Gallois, Hamburger Chronik III 710/11 und in Desselben Geschichte der

ganz kurzen Anregungen. Aber erst im Juli 1698 sehen sich die Kommerzdeputierten wieder veranlaßt, ernstlich beim Rate Maßregeln gegen die immer lebhaftere Konkurrenz Altonas zu befürworten. Erst kürzlich seien von Berlin 150 Stück Güter abgesandt worden, davon aber nicht 10 Stück nach Hamburg gekommen, alles übrige sei schon an der Seevemündung ausgeladen und von da nach Altona geholt worden. Und am 2. August erklären sie, es sei periculum in mora, da auch die aufwärts fahrenden Schiffer wegen der fremden Konkurrenz jüngst suppliziert hätten, daß dadurch so viele Güter nach Altona kämen. Man möchte doch bei Ihrer Hochfürstlichen Durchlaucht von Lüneburg nachsuchen, hilfreiche Hand zu leisten, damit die Umgehung des Stapels aufhört. Nützt das auch nichts, so bleibt nur der Portofranko übrig.

Der Rat erklärte sich zwar bereit, zu unterhandeln, da aber Syndikus von Bostelen „in der Wasserkur" war, so blieb alles liegen, und auch als er zurückkam, geschah doch, trotz häufigem Drängen der Kommerzdeputierten, rein gar nichts. Am 29. November wurde endlich ein Ein Ehrbarer Kaufmann mit der Sache befaßt. Derselbe empfahl die Einführung eines General-Portofranko und fügte hinzu, es wäre wohl nötig gewesen,

---

Stadt Hamburg II 468/69, — für uns hier nur insoweit von Belang, als man sieht, wie das Streben nach Aufrechthaltung des Stapelzwanges immerfort wieder hervorschlug. Zu diesem Zwecke wurden in der folgenden Zeit mehrere staatliche und private Versuche gemacht. Wir können indes hier auf die meisten derselben nicht eingehen, zumal sie jedenfalls nur geringen Erfolg hatten. In den Jahren 1696/97 z. B. stiegen die Zolleinnahmen keineswegs, wohl aber in den folgenden Jahren, trotzdem damals die Klagen über Umgehung des Stapels besonders dringend wurden. Es wurden erhoben:

	Herrenzoll.		Bürgerzoll.
1696	ℳ 107 721. 2. 6		ℳ 44 523. 13. —
1697	111 596. 3. 6		45 996. 5. 6
1698	138 720. 10. 6		67 456. 7. —
1699	124 322. 14 —		61 391. 9. —
1700	123 423. 10. 6		64 560. 5. —

dies eher zu thun. Wiederum versichert der Rat, „er wollte den Portofranko in reife Deliberation nehmen." Doch findet sich keine Spur einer solchen Deliberation.

Im folgenden Jahre ist wieder alles still. Nur empfiehlt der Rat dem Kommerzium, ein Übereinkommen zu treffen, daß niemand im Auslande ein nach der Elbe gehendes Schiff befrachten solle, das nicht in Hamburg verzollte und auslüde. Die Englische Court wollte unter ihren Mitgliedern eine solche Verabredung ins Werk richten und sähe gern, daß die Kaufmannschaft sich dem anschlösse. Die Englische Compagnie war ja, wie an andrer Stelle zu zeigen ist, bei Aufrechterhaltung des Hamburger Stapels ganz besonders interessiert. Zugleich war sie aber auch wegen ihrer Anmaßung und Monopolsucht in Hamburg derart verhaßt, daß ihr Vorgehen für die Kaufmannschaft gewiß eher ein Grund war, andere Wege zu wandeln. So antwortete dieselbe denn auf die Empfehlung des Rates nur, „daß die Sache vom Portofranko, wozu jenes mitgehörte, weiter fortgesetzt werden möchte."

Auch im Jahre 1700 kam die Sache um keinen Schritt vorwärts. Daß man jedoch in der Kaufmannschaft sich damit beschäftigte, beweist ein in der Sitzung der Kommerzdeputierten vom 8. November durch Präses von Dorth verlesenes Schreiben des Amsterdamer Agenten Huenken, worin derselbe zu erkennen gibt, daß, wenn der Zoll erleichtert und Portofranko eingeführt werden sollte, „es der Stadt ein großes an durchgehenden Gütern behülflich sein und die Commissiones mehr anhero als nach Altona gehen würden."

Am 14. Juni 1701 begehrt endlich der Rat von den Kommerzdeputierten, man möchte das Projekt eines Portofranko aufstellen.

Darauf ließen die Deputierten durch Lic. Anckelmann abermals eine Denkschrift ausarbeiten, die am 5. Juli dem Rate übergeben wurde. Dieser ließ sie, weil Syndikus von Bostelen wieder einmal in der Wasserkur war, ruhig liegen und erklärte am 10. August nur ganz kurz, er wolle sie in Erwägung ziehen.

Ob solches geschah, ist sehr zweifelhaft. Jedenfalls blieb alles beim alten.

Die Anckelmannsche Schrift enthält nicht mehr als zwei neue Gedanken. Einmal nämlich schlug sie die Plombierung der für das projektierte Freilager bestimmten Transitgüter vor: Man könnte dieselben, um Unterschleife zu verhüten, „durch einen verständigen alten Mann oder zurückgekommenen Bürger mit einem Zollinsiegel besiegeln lassen." Recht geeignet das, um Unterschleife zu verhüten und zugleich charakteristisch für die damaligen Erwartungen vom Umfange des Freilagerverkehres! Ferner aber wurde vorgeschlagen, „daß alle und jede Aus„rhedung der Schiffe, so von hinnen gehen, von hiesigen Bürgern „oder Einwohnern müßten erkauft und angenommen werden." Also eine Art von Navigationsakte im Duodezformat!

Mit wahrhaft ergötzlicher Naivetät dachte eine andere, um dieselbe Zeit den Kommerzdeputierten übergebene Denkschrift der Umgehung des Stapels ein Ende zu machen. Dieselbe wird auch dadurch interessant, daß in ihr die Art und Weise jenes Schleichverkehres deutlich geschildert wird, allerdings nur soweit dabei Lüneburger Gebiet benutzt wurde.

Die Güter, welche per Axe aus dem Binnenlande kamen, pflegten an der Mündung der Ilmenau, gegenüber Zollenspieker, an der Stelle, welche damals „zum Hope" hieß und wo jetzt die Ortschaft Hope liegt, abgesetzt und dann zu Wasser an Hamburg vorbeigefahren zu werden. Ebenso behandelte man die in umgekehrter Richtung passierenden Güter. Was dagegen zu Wasser herunterkam, wurde etwas weiter unten, an der Seevemündung ausgeladen, da, wo jetzt Seevenhausen liegt. Hier wurde es von andern Schiffen abgeholt und an Hamburg vorbeigeführt. Auch die nach oben bestimmten Güter wurden bei der Seeve gelagert, bis die von Hamburg kommenden Schiffe sie abholten. Getreide und andere grobe Waaren endlich wurden im Köhlbrande direkt aus den oberländischen Fahrzeugen in die holländischen Schmacken und Kaagen übergeladen.

Die Denkschrift meint, „die Zollregister in Stade könnten Nachricht geben, wie unsäglich viel Schiffe und Güter anderswohin als nach Hamburg gehen" (an der Stader Zollstätte konnte man dies allerdings am besten ermitteln). „Die Zollbücher in Hamburg werden ausweisen, wie sehr selbige Einkünfte allda in wenigen Jahren abgenommen." (Ist ein Irrtum. Gerade das Jahr 1701 brachte besonders günstige Zoll-Einnahmen.) „Die Annotirung auf der Süderelbe muß ergeben, wie häufig die Waaren von oben herab an der Stadt Hamburg vorbeispedirt werden."

„Die benachbarten Puissancen haben den alten Zustand „der Schifffahrt gestört, um ihren Unterthanen dieselbe zuzu„führen und alle Ordnungen von Reihefahrten, Ablagern ꝛc. „über den Haufen geworfen. Dadurch ist der Stadt und deren „Commerzium beste Brustwehr durchbrochen worden."

„Die Stadt Hamburg hat, sich dagegen zu retten, keine „Macht. Ihre so theuer erworbene und von so vielen seculis „her geruhig exercirte Privilegia werden nichts geachtet." Die schweren Kosten zur Errichtung und Unterhaltung der Schifffahrtszeichen auf einer Elbstrecke von 18 Meilen gereichen mehr als zu ihrem eigenen zum Vortheile Derer, die „nur zu ihrem „Abbruch und Schaden die Schifffahrt aus der See auf selbigem „Flusse treiben; — und bey dem allem zwinget sie (d. h. die „Stadt) ihre bekannte Schwäche und Niedrigkeit, daß sie „höherer und größerer Macht allemahl weichen und nachgeben „müssen."

„Die benachbarten Puissancen sollten nicht so „sehr directe auf dero Unterthanen eigenen Vortheil „sehen, als auf die Conservation der Stadt Hamburg „und Verhütung deren totalen Verfalles."

„Abhülfe gegen den gänzlichen Verfall aber kann nur „von Ihrer Hochfürstlichen Durchlaucht zu Lüneburg-Celle „gesucht werden, deren für die Stadt Hamburg allemahl mit„getragenen und so vielfältig im Werk erwiesenen gnädigsten „Zuneigung nicht zweifeln lässet, wenn nur Deroselben die

„eigentliche jetzige Bewandtniß und deren höchste Wichtigkeit
„ausführlich in Unterthänigkeit vorgetragen werden möchte,
„daß Sie Jhres hohen Ortes dasjenige, was zu vorangeführtem
„Endzwecke in Dero respective eigenen und Kreyß=Oberstlichen
„Pflichten und Mächten ist, huldreichst an Hand zu nehmen
„und beyzutragen sich gerne erbitten und bewegen lassen werden."
Schließlich wird dem Kurfürsten gar zugemutet, daß er, „die
„zu großem Schaden Hamburgs seit wenigen Jahren nach
„Harburg gezogene Salz=Handlung wieder nach Hamburg zu
„remittiren in Gnaden geruhen möchte".

Soll man sich über die Kriecherei dieses eigentümlichen
Freistädters ärgern oder über die Naivetät seiner Monopolsucht
lachen? Gewiß waren solche Gesinnungen in Hamburg, selbst zu
jener kleinlichen und jämmerlichen Zeit keineswegs allgemein ver=
breitet, aber daß sie so offen ausgesprochen werden konnten, zeigt
doch, wie weit man noch von ernsthaften Fortschritten entfernt war.

Es trat jetzt in den Verhandlungen über den Portofranko
die lange Pause von fünf Jahren ein, während deren der Ver=
fall des alten Hamburger Stapelrechtes nur mit allerhand Palliativ=
mittelchen bekämpft wurde. Um die Möglichkeit so langer Pausen
wie überhaupt die unendliche Langsamkeit der ganzen Entwick=
lung zu verstehen, muß man nicht nur der vielen bürgerlichen
und auswärtigen Unruhen jener Zeit gedenken, sondern auch die
Vorstellung entfernen, als ob der Verfall des Stapelrechtes etwa
einen ebenso starken Rückgang des ganzen Hamburger Handels
bedeutet hätte. So arg war die Sache keinesfalls. Nahm der
Properhandel ab, so vermehrte sich dafür das Kommissionsgeschäft,
wobei freilich Heimlichkeiten und Ungesetzlichkeiten genug mitspielten.
Auch fehlte es in den damaligen Kriegen nicht an günstigen Kon=
junkturen, welche dem ganzen Hamburger Handel zu Gute kamen.
Aber wenn letzterer sich derselben nicht vollständig bedienen konnte,
wenn er selbst nur erheblich langsamer vorwärtsschritt, als in den
Konkurrenzstädten, so war das schon Nachteil genug. Die Zoll=
einnahmen gingen inzwischen jedenfalls zurück. Denn Herren=
und Bürgerzoll zusammen betrugen:

1701 : ℳ 202,138
2 : „ 164,383
3 : „ 137,330,

während dann allerdings wieder eine beträchtliche Zunahme erfolgte:

1704 : ℳ 176,324
5 : „ 169,433
6 : „ 169,426,

woraus jedoch einstweilen sich noch keine sichere Schlüsse ziehen lassen.

Die Jahre 1706 und 1707 brachten zwar in den Thatsachen keine Änderung hervor. Indes erschien doch die Portofranko-Sache wenigstens wieder auf der Tagesordnung, und zwar ausschliesslich infolge der Rührigkeit einer einzigen, wahrscheinlich noch nicht einmal lange in Hamburg domizilierten Handelsfirma. Solcher Initiative gescheidter und thatkräftiger Privatpersonen hat Hamburg ja stets viel zu verdanken gehabt, jedenfalls noch weit mehr, als die bisherigen Annalen der Stadt berichten.

Schon am 24. Juli 1706 berichtet Präses David Geismer den Kommerz-Deputierten, Jakob Ployart hätte ihm angezeigt, es sei ihm von vielen Orten aus Deutschland geschrieben worden, wenn der Portofranko eingeführt werden sollte, so könnte man viele Kommissionen hierher erteilen. „Conclusum: Jakob Ployart, möchte sich erst dem Reglement enroulliren und dann ein Memorial übergeben." Letzteres geschah im Januar des folgenden Jahres und am 23. dieses Monats wurde die Denkschrift der Gebr. Ployart im Kommerzkollegium verlesen.

Die Ployarts erklären darin, sie sprächen, „auf Anreitzung verschiedener ausländischer Correspondenten, welche schmerzlich verlangen, dero Güter durch diese Stadt gehen zu lassen." Dann gehen sie daran, die einzelnen gegen den Portofranko erhobenen Bedenken (obstacula) zu widerlegen, und wir müssen ihnen hierbei Schritt für Schritt folgen, weil nur so die dem Schriftstücke eigentümliche Mischung der verschiedenartigsten Grundsätze, welche sich doch aufs beste mit einander vertrugen, klar vorgewiesen werden kann.

I. **Erstes Obstaculum.** Die Zölle seien ein Regal, welches kein Staat und keine Stadt missen könne. Es sei ganz in der Ordnung, daß Jeder, der unter dem Schutze unserer Stadt Handel treibt, auch alle Lasten derselben mit trüge. Zudem seien die Zölle so gering, daß auf die einzelnen Konsumenten nur ein ganz Unmerkliches entfiele. — Man sieht, dies war schon eine ganz regelrechte Verteidigung aller indirekten Steuern. Prinzipiell wissen die Ployarts hiergegen nichts zu sagen, wohl aber leugnen sie die Anwendbarkeit auf die damaligen Hamburger Verhältnisse. Sie antworten nämlich:

1. Die Exemption einiger durchgehenden Waaren vom Zolle wäre bei der jetzigen Sachlage ratsam, weil die massenhafte Vorbeiführung derselben doch nicht zu verhüten sei. „Ja, wenn „man vor unseren Grenzen eine solche Mauer aufbauen „könnte, gleich eine an denjenigen von Persien (sic) sich „befindet (Nichts neues unter der Sonne! Hier schon erscheint die berühmte „chinesische Mauer" unserer freihändlerischen Journalisten!), daß alle Passagen durch diese Stadt limitirt würden, „so könnte man in solcher favor dergleichen beneficia wohl ge=„nießen." Aber das ist bei uns leider unmöglich. Alle Zwangs=mittel sind fruchtlos geblieben, haben nur Meineide der Schiffer zu Wege gebracht.

2. Also wie ist sonst zu helfen? Schon unsere Vorfahren hätten solches gethan, wenn damals Veranlassung hierzu gewesen wäre. Jetzt aber ist es dringend notwendig. „Unser Absehen ist nicht über das Gouvernement zu critisiren, davor soll uns Gott bewahren!" Aber etwas muß geschehen, „denn eine Regierung als die Mutter der Einwohner pflegt zu sorgen, was zu dero Nahrung am besten gedeihen kann, und seynd dazu befugt, dero Maxime zu verhindern (?), nach Gelegenheit der Zeiten und der gemeinen Avantage zum Besten zu redressiren, renovelliren und von neuem zu statuiren, und daß ein Jeder durch dero Verrichtung und Arbeit desto besser

fortkommen kann." (Was die guten Leute, gewiß französische Refugiés, sagen wollen, ist ja ziemlich klar und recht verständig. Aber welche Sprache! Riccaut de la Marlinière, ökonomische „Probleme behandelnd!) „Was vordem gut gewesen, ist anjetzo „nicht mehr ersprießlich. Wir sehen, wie seit 30—40 Jahren „vor einem unserer Thore (dem Millernthore) eine Stadt ent= „standen ist, wo vordem nur wenige schlechte Häuser gewesen, „jetzt aber eine Menge von gewaltigen Häusern, durch Bedienung „von Commissiones erworben, so die Nahrung täglich von der „Stadt ziehen" 2c.

3. „Die Holzhandlung und Schiffsbauerei ist uns „abhanden gekommen und hat sich auf allen Seiten der Stadt „stabilirt, daß dadurch auf eine halbe Meile am Strande die „Wege so benommen, daß man fast nicht mehr durchfahren „kann."

4. Ergeben sich Ausfälle an der Zolleinnahme, so können dieselben leicht anderweitig gedeckt werden. „Das Vermögen der „Unterthanen ist einer Stadt Erhaltung, wie man jetzt an „Holland und England sieht, die durch Conservation der „Handlung so reich geworden sind, daß sie fast die ganze Welt „regieren und einem großen, mächtigen Könige sein Concept „gewaltig verrücken." (Auch dieses deutet darauf hin, daß die Verfasser Refugiés waren.) Dort weigert sich kein Kaufmann, alles beizutragen, damit dieser gute Zustand dauere. Aber wo kein Gedeihen, da ist auch keine Opferwilligkeit.

5. Selbst große Potentaten, „obwohl sie als Souveränen von ihren Unterthanen gerne das meiste erschöpfen," halten das Portofranko für so vorteilhaft, daß sie „zu dero Unterthanen Prosperität nicht unterlassen haben es zu octroyiren." Wir aber haben ja zu unsrem Unterhalte nichts als die Handlung.

6. Die Einrichtung des Portofranko wird nicht allein das Kommissions= und Speditionsgeschäft beleben, sondern auch dem Krahne und den Güterbestättern Einnahmen zuführen, ebenso auch den Ewerführern, Packern, Reepschlägern, Segelmachern, Schnitgern, Schiffern, Baumeistern, Grob= und Kleinschmieden 2c.

4*

und in Summa einem Jeden ohne Ausnahme, so daß ein Jeder auch mehr Schoß und andere Auflagen an die Stadt geben kann.

7. Ebenso wird sich der Konsum heben und hierdurch die Bier- und Weinaccise steigen. Der Kämmerei aber kann es gleich sein, ob sie ihre Einnahmen durch Zölle oder auf andre Weise erhält.

II. Das zweite Obstaculum ist die Schwierigkeit, Rat und Bürgerschaft dem Portofranko günstig zu stimmen. Was die Ployarts hierüber sagen, ist ganz unwesentlich.

III. Es seien massenhafte Unterschleife zu befürchten. Um dem zu begegnen, würde man Packhäuser unter Zollverschluß erbauen müssen, wie solche in Lüneburg und anderwärts beständen. Dies aber würde übergroße Kosten verursachen.

Die Ployarts hatten sich die Mühe nicht verdrießen lassen, in ganz Deutschland über die Einrichtungen solcher Transitoläger insbesondere auch wegen der Niederlagsgebühren Erkundigungen einzuziehen. Aus den hierauf erhaltenen Nachrichten geht klar hervor, daß man sich damals in Deutschland allerorten gezwungen sah, der Durchfuhr Zollerleichterungen zu gewähren. Der alte barbarische Fiskalismus ließ sich eben selbst in Deutschland nicht mehr aufrecht erhalten. Aber die Einrichtungen, welche für Lüneburg und Magdeburg, oder selbst für Leipzig und Frankfurt a. M. noch paßten, eigneten sich keineswegs auch für Hamburg. Das sahen die Ployarts sehr wohl ein und sie meinten deshalb, „es sey unnöthig, Packhäuser aufzubauen, man „könne dergleichen schwere Ausgaben wohl vermeiden. Auch da „der Allerhöchste in seinem Zorne einen solchen Edifice „sollte mit Feuersbrunst angreifen, so würden die darin „befindlichen Güter in gar zu großer Gefahr seyn, ohne daß die-„jenigen, an wem sie von Frömbden adressirt würden, zu deren „Conservation und Rettung das geringste sollten helffen und ver-„sorgen können." Auch solle man „unsere gute Republic in keine „Verantwortung gegen deren Proprietare exponiren."

IV. Wie sind nun aber auf andre Weise jene Unterschleife

zu verhüten? Wie ist überhaupt die Sache einzurichten? Die Ployarts empfehlen hier das System der Rückzölle (Drawbacks), mit strengem Deklarationszwange und überflüssigerweise auch mit Einführung der Plombierung. Eine ganze Reihe andrer Vorsichtsmaßregeln wird in Aussicht genommen und als Frist für die Gewährung des Rückzolles ein Zeitraum von 8—12 Monaten. Zur Deckung etwaiger Ausfälle wird die Einführung einer Stempelsteuer von Wechselprotesten, Konnossementen und Assekuranz-Policen vorgeschlagen. Solche Steuern gab es damals in Hamburg noch nicht. Die Ployarts aber waren augenscheinlich mit allen einschlägigen Verhältnissen Englands, Frankreichs und der Niederlande ganz gut vertraut.

Endlich schlagen sie noch vor, die Einrichtung „solle dennoch „den Namen von Porto franco haben und durch einen „solchen Titul dem Commercie hiesiger Republic „merklich favorisiren."

Von der Annahme ihrer Vorschläge erwarten die Ployarts alles mögliche Gute. Die jetzt massenhaft leerstehenden Packhäuser werden sich wieder füllen, die Hauseigentümer werden mehr Miete erhalten und die gesunkenen Häuserwerte werden wieder steigen. Viele junge Kaufleute ohne großes Vermögen werden sich dem Kommissions- und Speditionsgeschäfte zuwenden. Auch wird es die Solidität des Platzes stärken, wenn nicht mehr wie bisher die Kommissionäre und Spediteure ihr Accept geben müssen, ohne die Waren als Deckung hier lagern zu können. Unsre ganze Schiffahrt wird einen großen Aufschwung nehmen und vor allem unser Handel mit England. —

Die Vorschläge der Ployarts fanden in der Kaufmannschaft vielen Beifall, und die Kommerz-Deputierten beschlossen am 31. Januar 1707 einstimmig, „ein so wichtiges Werk vorzunehmen". Am 9. Februar fand demgemäß eine Konferenz mit dem Syndikus von Bostelen und einem andren Ratsmitgliede statt. Da diese Herren sich aber noch sehr reserviert erzeigten und namentlich wegen des für etwaige Ausfälle einzuführenden

Äquivalentes Schwierigkeiten erhoben, so verlief die ganze Sache abermals im Sande.

Im folgenden Jahre begann das Regiment der zur Entscheidung schwerer innerer Konflikte berufenen Kaiserlichen Kommission. Es begannen die Verhandlungen, welche zum Abschlusse des Hauptrezesses von 1712 führten, und welche hierdurch die gesamte Hamburger Verfassung auf 1½ Jahrhunderte hinaus bestimmten. Damit trat auch die Entwicklung der Portofranko-Sache in ein neues Stadium. Nach so vielen erfolglosen Beratungen schlug endlich die Stunde der Ausführung. Denn obwohl es noch ganze fünf Jahre dauerte, ehe die Gesetzgebung das entscheidende Wort sprach, so war doch schon die Einsetzung der Kaiserlichen Kommission im Jahre 1708 der Hebel, welcher in dieser wie in so vielen andren Fragen die längst vorhandenen, aber nutzlos im Leeren arbeitenden Triebkräfte endlich zum planvollen Ineinandergreifen brachte.[1]

III.

Die „Gravamina", welche die Kaufmannschaft am 5. Oktober 1708 durch Vermittlung der Oberalten bei der Kaiserlichen Kommission einreichte, enthalten nichts vom Portofranko. Dieselben sind vielmehr so reaktionär wie möglich gehalten. U. a. wird gefordert: Strenge Aufrechterhaltung des Stapelzwanges und Verbot des Handels zwischen Gast und Gast,

---

[1] Ähnlich urteilt über die Kaiserliche Kommission schon Westphalen, Geschichte der Hauptgrundgesetze der Hamburger Verfassung, Band I, Vorrede p. VI, im Gegensatze zu älteren Anschauungen. Leider konnte ich die Materialien, welche Westphalen für seine Zwecke so trefflich ausgebeutet hat, für die meinigen nicht mehr benutzen. Dieselben sind im Brande zu Grunde gegangen, und trotz eifriger Nachforschungen habe ich von eigentlichen Verhandlungen der Kaiserlichen Kommission und der Oberalten über den Portofranko nicht das geringste, von Ratsverhandlungen aus der Zeit kurz vor dem Rezesse nur wenig noch vorgefunden.

letzteres mit dem ausdrücklichen Hinzufügen, daß kein Gast oder dessen Faktor (Lieger) Waren aus dem Binnenlande verschreiben oder solche hinaufsenden solle, und daß kein Gast selbst Faktorei treiben dürfe. Auch als die Kaufmannschaft am 16. Oktober 1710 ihre unerledigten Gravamina erneuert, beharrt sie auf demselben Standpunkte, der sogar, wie wir sehen werden, teilweise noch im Hauptrezesse selbst zur Geltung gelangt ist. Inzwischen waren jedoch die Kommerzdeputierten schon am 13. Januar 1710 wegen des Portofranko neuerdings in Beratung getreten, wobei sie zunächst an das Ployartsche Projekt anknüpften. Dies ließen sie aber alsbald fallen und wendeten sich wieder dem Gedanken an ein Freilager zu, wahrscheinlich im Anschlusse an das Reglement des Genueser „Porto franco generalissimo" v. J. 1708, welches Reglement sie ins Deutsche übertragen ließen.

Abgesehen von der Frage des Äquivalentes wurde es damals als Hauptschwierigkeit betrachtet, daß bei Gewährung freier Durchfuhr aller fremden Güter auch die Bürger verlangen würden, die ihrigen frei durchpassieren zu lassen. Man entschied, daß dies Bestreben von vornherein zurückzuweisen sei, jedenfalls, um hierdurch dem Rate die Sache mundgerecht zu machen. Und in gleicher Absicht wurde das Projekt noch weiteren Änderungen unterzogen.

Das Kommerzium erklärte sich bereit, das Freilager aus eigenen Mitteln zu errichten und zu unterhalten, wenn nur die Kämmerei einen geeigneten Platz hergeben wollte. Doch behielt sich die Kaufmannschaft dafür den Bezug des Lagergeldes ausdrücklich vor. Wegen Erbauung des Lagerhauses, Vorsichtsmaßregeln gegen Defraude ec. wurden nähere Vorschläge gemacht.

Sodann war man einverstanden damit, daß Branntwein, Wein und Essig, sowie Getreide von der Maßregel ganz eximiert werden sollten, aus fiskalischen Gründen, die wir nachher kennen lernen werden.

Endlich wurde überhaupt nicht mehr die gänzliche Befreiung der Durchfuhr in Aussicht genommen, sondern nur Ermäßigung der Zölle für dieselbe auf den vierten Teil ihres jetzigen Betrages.

Dies waren freilich so große Einschränkungen, daß von einem „Porto franco" nicht allzuviel mehr übrig blieb. Um die fiskalischen Schwierigkeiten zu besiegen und endlich einmal etwas zu stande zu bringen, wollte die Kaufmannschaft ihren eigenen Geldbeutel öffnen. Indes ist unklar, ob sie hiermit im ganzen einverstanden war. Allerdings wurden die Absichten der Kommerzdeputierten in einer Versammlung der Kaufmannschaft am 25. Januar 1710 genehmigt. Aber diese Versammlung war so schwach besucht, daß ein Deputierter meinte, es wäre augenscheinlich kein Ernst bei der Sache. Und dann wurde der Plan anscheinend erst nach der Versammlung von den Kommerzdeputierten so stark umgestaltet. Inzwischen sprachen letztere mit von Bostelen, der kürzlich zum Bürgermeister erwählt worden war, und dieser meinte, „er würde dem Commerzio gerne dienen, „weil aber in dieser Affaire in so langen Jahren nichts „passiret wäre, bäte er, es erst ihm schriftlich zu geben, „ehe sie es ad Senatum brächten." Ein Beweis, wie wenig der freilich damals besonders stark beschäftigte Herr sich die vielen früheren Klagen der Kaufmannschaft hatte zu Herzen gehen lassen. In der That wurde ihm von den Kommerzdeputierten ein Aufsatz übergeben, der das neue Projekt eingehend darstellte. Und jetzt erklärte er auf einmal, er wünschte, die Sache wäre schon vor 20 Jahren beschlossen worden.

Man sollte nun erwarten, daß jetzt wenigstens ohne Zögern Hand ans Werk gelegt wurde. Denn es war wirklich Gefahr im Verzuge. Sowohl in der Kaufmannschaft, wie bei Rate ward übereinstimmend berichtet und die Zollbücher bezeugten es, daß von fremden Kommissionsgütern fast nichts mehr nach Hamburg kam. Altona hatte dieses Geschäft so ziemlich vollständig an sich gebracht.

Die Kaufherren im Rate besprachen das Projekt unter einander und mit den Kommerzdeputierten, aber trotz allem Drängen der letzteren kam es zu keinem Beschlusse. Die fiskalischen Be-

denken waren nicht völlig zu beseitigen. Auch war der Rat mit
Geschäften anderer Art überhäuft. Die Portofranko-Sache mußte
also abermals liegen bleiben, und sehr fraglich ist es, ob der Rat
sich mit ihr im Jahre 1710 überhaupt in pleno befaßt hat.
Dafür nahm sich die Kaiserliche Kommission ihrer an und
brachte hierdurch endlich den Stein langsam ins Rollen.

Hätte die Kommission nicht getagt und wäre nicht aus diesem
Anlasse eine allgemeine Reformbewegung entstanden, ein Impuls
zu positivem Schaffen, zur Abkehr von den wüsten und
unfruchtbaren Streitigkeiten der letzten Jahre in den ganzen Körper
des Hamburger Gemeinwesens gefahren, — schwerlich wären
Rat und Kaufmannschaft sich in der Portofranko-Sache überhaupt
so nahe gekommen. Jetzt bedurfte es nur noch einer autorita=
tiven Anregung, um die Sache in Fluß zu bringen.

Als die Kaiserliche Kommission, bei ihrer Beratung der
bürgerschaftlichen Beschwerden, in welche die der Kaufmannschaft
mit aufgenommen worden waren, an das Gravamen wegen
Umgehung des Stapels und Entziehung der Nahrung seitens der
Nachbarstädte gelangte, nahm sie Veranlassung, durch Dekret vom
21. November 1710 „wohlmeinentlich" die Errichtung eines
Portofranko zu empfehlen. Leider läßt sich nach dem verfüg=
baren Materiale nicht ermitteln, wer die Kommission damals für
die Sache interessierte, und aus welchen Gründen sie dieselbe über=
haupt empfahl. Wir wissen nur, daß der Rat, unter Bezug=
nahme auf diese Empfehlung, das Projekt jetzt gründlich zu be=
handeln anfing.[1] Hierbei traten einige neue Gesichtspunkte zu Tage.

Für den Portofranko wird u. a. gesagt, daß die Um=
gehung des Stapels neuerdings immer größere Dimensionen an=
nähme, daß selbst Bremen Teile des Hamburger Verkehrs an
sich brächte, daß namentlich viel Schlesische Leinewand —
damals einer der wichtigsten Hamburger Exportartikel[2] — über

---

[1] St.-A. Cl. VII Lit. Ea P. 2 Nr. 6a vol. 1.
[2] Was A. Zimmermann in seinem schönen Werke: Über die Blüte
und den Verfall des Leinengewerbes in Schlesien p. 64 ff. von der Bedeu=

Bremen ins Ausland ginge. Es ist nicht unmöglich, daß die Rücksicht auf diesen Verkehr in Schlesischem Leinen die Kaiserliche Kommission wesentlich mit bestimmt hat, den Portofranko zu empfehlen. Wenigstens hat Hamburg bei andern Gelegenheiten mehrfach das Interesse der Schlesischen Leinenfabrikation geltend gemacht, wenn es beim Kaiser etwas durchsetzen wollte.

Sodann erwartete man von der Einführung des Portofranko, daß das Altonaer Geschäft sich wieder nach Hamburg ziehen würde, wo es doch mehr Sicherheit und Bequemlichkeit fände.

Ganz besonders aber wiesen die im Rate sitzenden Freunde des Projektes darauf hin, daß auch die Gesandten „befreundeter und am Wohlergehen der Stadt interessirter benachbarter Puissancen" die Einrichtung eines Portofranko zu fördern strebten; daß man durch diese Einrichtung der vielen Streitigkeiten über jus stapulae, jus restringendi ıc. ledig würde, bei denen die Stadt doch stets den Kürzeren zöge. Dies waren höchst staatskluge Erwägungen. Denn unter jenen Gesandten befreundeter Mächte, welche den Portofranko beförderten, stand obenan der Brandenburgische Resident Burchard.[1] Wenn Hamburg jetzt die widerwärtige Rolle aufgab, der immerwährende Störenfried jedes wirtschaftlichen Aufschwungs Brandenburg-Preußens zu sein, wenn es gleichzeitig sich selbst und Brandenburg einen Gefallen erwies, so war das ein Akt weiser Politik. Freilich mußte man dann eben den Stapelzwang fallen lassen. Hierzu aber konnte sich die Mehrzahl der Hamburger noch nicht aufschwingen.

Im allgemeinen kann man sagen, daß der Portofranko damals im Rate zwar nicht mehr aus monopolistischen Gründen gewünscht wurde, daß man ihn aber sehr wohl als eine echt merkantilistische Maßregel befürwortete. Das fiska-

---

tung Hamburgs für dieses Gewerbe sagt, ließe sich aus Hamburger Quellen wesentlich ergänzen.

[1] Schmoller l. c. p. 1084.

lische Interesse blieb keineswegs unberücksichtigt; ja, dasselbe bildete selbst in diesem republikanischen Gemeinwesen bei der regierenden Korporation immer noch den eigentlichen Angelpunkt der wirtschaftlichen Politik. Aber das Gemeinwohl war nicht mehr der Gegensatz des fiskalischen Interesses, wenigstens nicht bei denen, welche dieses zu fördern hofften, indem sie jenes durch den Portofranko wahren und pflegen wollten.

Die Gegner des Portofranko dagegen bestanden immer noch hauptsächlich aus verstockten Regalisten. Indes wurde doch auch geltend gemacht, daß die Einführung des Portofranko den Hamburger Properhandel vernichten, Hamburg zum bloßen Speditionsplatze herabdrücken würde, und wenn man nur den fremden Gütern das Durchfuhrprivileg einräumen wollte, so würde man die Bürger unfähig machen, auswärts zu konkurrieren. Auf den ersten Einwurf antworteten die Freunde des Projektes, es würde nichts schaden, wenn Leute ohne Vermögen mehr Kommissionen erhielten; und auch den zweiten wollten sie nicht gelten lassen; denn, meinten sie, die Hamburger Properhändler ersparten eben immer noch die hiesige Provision nebst anderen Kosten, und könnten deshalb nach wie vor konkurrieren.

Inzwischen schritt die Kaiserliche Kommission weiter vorwärts. Der im März und April 1711 von ihr aufgestellte Entwurf des Hauptrezesses enthielt die auf Stapelrecht und Portofranko bezüglichen Stellen schon ganz in demjenigen Wortlaute, welcher das Jahr darauf unverändert in den Hauptrezeß selbst hinübergenommen wurde.[1] Weder durch den Rat, noch durch das Sechziger Kollegium, noch durch die Hunderter-Deputation, noch durch die abseiten dieser letzten beiden Kollegien erwählte Subdeputation, noch endlich auch durch die Bürgerschaft wurde ein Wort daran geändert, wohl das sicherste Zeichen, wie wirksam die Autorität der Kaiserlichen Kommission alle prinzipiellen Einwände und Bedenken hinwegräumte.

---

[1] Vgl. Westphalen l. c. I. p. 268 ff. p. 277 mit p. 368 und 373 ff.

Was die Kommission für die Portofranko-Sache leistete, war freilich nicht mehr als eine allgemein gehaltene Anordnung, wie deren manche ja auch spätere Verfassungsgesetze enthalten haben und noch enthalten, ohne daß darauf stets der Erlaß eines **Spezial-Gesetzes** gefolgt ist. Keineswegs waren damit auch hinsichtlich der **Ausführung** alle Schwierigkeiten und Meinungsverschiedenheiten beseitigt. Wohl aber war ein gemeinsamer prinzipieller **Boden** geschaffen, auf dem man jetzt alsbald weiter bauen konnte.

Der Hauptrezeß sagt vom Portofranko zunächst in Art. 43: „Nicht weniger ist vigore Decreti Caesareae Commiss. d. d. „21. Novembris 1710 wegen der dieser Stadt, auch wohl „durch Vorschub allhiesiger, billig mit Ernst zu bestraffender „Leute, bißhero entzogenen und andern Ohrten zuge-„wachsenen Nahrung, E. E. Rahte und Collegio der Ehrb. „Sechziger die **Stifftung** eines **Porto franco** wohlmeynent-„lich recommandiret, wie auch E. E. Magistrat, die **Bey-„behaltung der Regalium dieser Stadt, alß Zöllen** ꝛc. „sich fernerhin mit aller Sorgfalt angelegen seyn zu lassen."

Sodann lautet Art. 49: „Wegen der Umbfahrt derer Fuhr-„leute von Breßlau, Leipzig und andern Ohrten, wie auch damit „die Zölle dieser Stadt durch die Umbfahrt zu Wasser „nicht weiter zu kurz kommen mögen, wird die bereits „oben angeführte und vigore Decreti d. d. 21. Novembris 1710 „E. E. Raht und Collegio der Ehrbahren Sechziger recomman-„dirte **Stifftung eines Porto franco oder Erlaubung** „**einer unbeschwerten Durchfuhr frembder Kauff-„wahren**, mit dem Löbl. Commercio fördersahmst in Delibe-„ration zu nehmen, und zu dessen und der Stadt selbst „davon dependirenden **Wohlfahrt und Auffnahm**, „dieses Gravamen durch einen zu fassenden gedeylichen Schluß „gäntzlich abzuthun, hiemit wiederhohlet, anbey zugleich E. E. Raht „anbefohlen, daß ob denen, **wegen der frembden Lieger** „**und von denselben, ohne der Stadt sich verwandt zu machen,** „**treibenden Handels und Factoreyen**, auch etwa von hiesigen

„Commercianten und Bürgern selbst darunter spielenden Collusion „und Unterschleifen, bereits gemachten oder noch weiter „zu errichtenden Verordnungen steiff und eiffrigst „gehalten werden soll."

Es wird also hier die Errichtung eines Porto franco empfohlen 1. wegen Umgehung des Stapels und Entziehung der Nahrung durch die Nachbarstädte, 2. wegen Benachteiligung des Zolles. Und gleichsam als Ergänzung nach beiden Richtungen hin wird angeordnet, 1. daß man die Vorschriften wegen der fremden Lieger streng durchführen, und 2. daß der Rat über Erhaltung der Regalien wachen solle.

Dieses letzte bezog sich namentlich auf ein vom Kaiser zu erlangendes „Salvatorium" des Inhalts, daß durch den Portofranko dem Zollregale der Stadt kein Eintrag geschehen solle. Abgesehen hiervon, erscheinen die fiskalischen Bedenken völlig abgethan, ja in ihr Gegenteil verkehrt. Was ferner das Stapelrecht betrifft, so bezeichnet man nur noch dessen Umgehung seitens der Bürger als strafbaren Unterschleif. Und von den Beschränkungen des Gasthandels wird nur noch das Verbot gegen die fremden Lieger aufrecht erhalten, da man wenigstens den Betrieb des Kommissionsgeschäftes den Bürgern ausschließlich vorbehalten wissen wollte.

Der Standpunkt, auf den sich die geschickten Verfasser des Hauptrezesses stellten, war das juste milieu. Sie erkannten klar, was im Streite der Interessen und Anschauungen zur Zeit erreichbar war und wiesen den Parteien den geeigneten Boden für einen Kompromiß.

Nachdem am 12. Oktober 1712 auch die Bürgerschaft den Art. 43 und 49 des Rezesses beigestimmt hatte, vergingen nur noch 9 Monate bis zum Erlasse der ersten Transito-Ordnung, die sich freilich so sehr von einem „Porto franco" unterschied, daß nicht einmal der schöne Name beibehalten werden konnte. Es war nämlich nichts weiter, wie eine Ermäßigung der Zölle für alle durchgehenden Güter auf etwa $1/3 - 1/2$ ihrer gewöhnlichen Höhe. Und um dieses be=

scheidende Resultat zu zeitigen, mußte obendrein noch eine furcht=
bare Katastrophe eintreten, durch welche die Hamburger — freilich
nur auf kurze Zeit — ihrer schlimmsten Konkurrenten entledigt
wurden: Altona wurde am 8. Januar 1713 von den
Schweden bis auf wenige Häuser niedergebrannt.

Daß Hamburg den Untergang der Nachbarstadt für sich
auszunutzen und ihren Verkehr an sich zu ziehen suchte, ehe jene
sich aus ihren Ruinen erhob, war gewiß nicht edelmütig, aber —
menschlich. Bei der Erbitterung, welche so lange zwischen den
beiden Städten geherrscht hatte, darf man das Vorgehen der
Hamburger nicht allzu hart beurteilen, zumal ja der Brand
Altonas nur eine längst beabsichtigte und seit Monaten beschlossene
Maßregel etwas rascher zur Welt förderte. Daß dies doch nicht
schnell genug geschah, erscheint uns freilich als keineswegs bedauer=
lich. Und wenn dann das glänzende Wiederaufblühen Altonas
den beabsichtigten Erfolg ganz zu nichte machte, so gereicht dies
unserem Rechtsgefühle nur zur Befriedigung.

Die Verhandlungen des Rates und des Sechziger=Kollegiums
über den Portofranko scheinen erst im Anfange des Jahres 1713
begonnen zu haben. Jedenfalls ging es der Kaufmannschaft
damit viel zu langsam, und sie ließ es an Mahnungen zur Eile
nicht fehlen, von denen hier nur einige erwähnt werden sollen.

Am 21. Februar 1713 erklärten die Kommerzdeputierten
dem Rate u. a., „sie würden vielmahl von Kaufleuten angefor=
„dert, da Altona hinweg und von den Schweden ab=
„gebrannt wäre, doch Porto franco einzuführen." Und am
12. April: „Es hielten viele Kaufleute von der Börse um Nach=
„richt an, wie es doch mit dem Transito ginge, da viele
„Güter wieder nach Altona gesandt würden." Dann
am 26. April: „Viele Kaufleute dringen auf Beförderung der
„Transito=Sache, da leider wieder so viel Güter um nach Har=
„burg gingen, hier auch bereits zwar Güter, in der
„Meinung, Transito zu genießen, ankämen, allein
„den Zoll bezahlen müßten, wie denn die Bremer (!) offerirten,
„solche anher zu senden."

Am 3. Mai war endlich der Entwurf des „Transito" — denn so hieß die Sache jetzt — fertig, am 11. Mai wurde er der Bürgerschaft übergeben, die ihn am 8. Juni guthieß. Am 5. Juli erfolgte die Publikation der nur geschriebenen Ordnung durch Anschlag am Rathause und an der Börse. Gedruckt wurde dieses Gesetz niemals. Die Kommerzdeputierten trugen schon am 5. Juli darauf an, aber der Rat fand es gar nicht angebracht, sondern meinte, man müsse vorher noch an den Kaiser schreiben. Und auch später ist die Drucklegung unterblieben.

Diese Verordnung des Hamburgischen Transito vom 5. Juli 1713 hat folgenden Inhalt[1]:

In der Einleitung findet man nach wenigen Worten der Motivierung eine ausdrückliche „Reservation der dieser Stadt „von uralten Zeiten competirenden und von Kayserl. May. aller„gnedigst confirmirten Zoll=Gerechtigkeiten, als wovon „man hierdurch nichts vergeben, sondern vielmehr expresse „vorbehalten haben will, daß falls dieser bloß zum „Versuche eingeführte Transito den verhofften Endzweck „und Nutzen nicht haben mögte, die Stadt sodann ihre habende „Zoll=Gerechtigkeit auf demselben Fuß wie bisher geschehen, und „gleich als wenn dieser Transito niemahls intro„duciret worden, nach wie vor zu exerciren berechtiget „seyn wolle."

Art. 1. Diejenigen Personen, welche des durch die Verordnung beabsichtigten beneficii theilhaftig werden wollen, müssen einen körperlichen Eid leisten, sich dieser Ordnung zu unterwerfen und keine Güter für Transito anzugeben, die nicht wirklich durchgeführt werden und uneröffnet bleiben sollen. Auch muß ein jeder sich durch Revers verpflichten, bei der geringsten Kontravention den doppelten Wert der angegebenen Güter ohne Prozeß

---

[1] Sie steht in dem Sammelbande der Kommerzbibliothek, welcher di auf den Portofranko bezüglichen Auszüge aus den Protokollen der Kommerzdeputierten enthält, auf Bl. 38—43.

erlegen und auf das Transito-Privileg für alle Zeiten verzichten zu wollen. Beides soll jährlich neu bekräftigt werden.

Art. 2. Das Namensverzeichnis dieser Personen soll bei der Transito-Behörde eingereicht und niemand sonst zugelassen werden.

Art. 3. Von der Wohlthat des Gesetzes sind ganz ausgeschlossen Korn, Wein, Branntwein, Essig und dergleichen Waren, auf welche der Zoll schon sehr ermäßigt worden ist. (Hierbei hatte man indes noch andere Gründe, wie sich später zeigen wird.)

Art. 4. Auch alle Waren, die nicht versiegelt oder plombiert werden können, als Holz, Kupfer, Eisen u. dgl., sind vom Transito auszuschließen. Indes wurde nachträglich Farbholz, Kupfer, Eisen u. dgl. zugelassen, so daß nur das gewöhnliche Holz eximiert blieb.

Art. 5—7. Jeder des Transito-Privilegs teilhaft Gewordene hat vor dem Empfange von Transito-Gütern solche genau zu deklarieren. Nach Zahlung des ermäßigten Zolles empfängt er zwei Transito-Zettel, von denen er den einen bei Ankunft der Ware dem Zöllner geben, den anderen dagegen behalten soll. Darauf ist die Ware durch den Zöllner zu versiegeln oder zu plombieren. Siegel oder Plombe sind unter keinen Umständen zu verletzen, widrigenfalls der volle Zoll bezahlt werden muß.

Art. 8 u. 9. Auch wenn die Güter binnen 6 Monaten nicht wieder ausgeführt worden sind, muß der gewöhnliche Zoll entrichtet werden. Sollen die als Transito angegebenen Güter hier eröffnet oder gar verkauft werden, so bleibt die Transito-Abgabe verfallen und außerdem ist noch der volle Zoll zu zahlen.

Art. 10. Werden die Güter aber innerhalb 6 Monaten wieder ausgeführt, so sind vorher die Siegel zu prüfen, und es ist der zweite Transito-Zettel vorzuweisen. Dann können die Güter frei passieren.

Art. 11—17 enthalten Kontrolle-Bestimmungen und andere nicht sehr wesentliche Vorschriften.

Endlich folgt die Taxe der Transito-Abgabe. Sehen wir von den schwer kontrollierbaren Quantitätssätzen derselben ab und halten wir uns nur an den, für alle nicht ausdrücklich aufgeführten Güter subsidiär eintretenden Wertsatz von ³/₈ % (6 s ℔ 100 ℔), berücksichtigen wir ferner auch die Ermäßigung des Convoygeldes auf weniger als die Hälfte des gewöhnlichen Betrages, so stellt sich uns die gesamte Vergünstigung folgendermaßen dar:

Der Verkehr mit Holland zahlte regulär ³/₄ %, durchpassierende Güter hatten außerdem am Obernbaum bisher noch ³/₈ % zu entrichten, also zusammen 1¹/₈ %, während der Transit jetzt im ganzen nur ³/₈ % zu tragen hatte. Im englischen Verkehre war die Ermäßigung 50 % (1¹/₂ : ³/₄ %), im französischen etwa 60 % u. s. f.

Es war eine halbe Maßregel. Die Belästigung des Durchgangsverkehres ward nur wenig verringert. Nicht allein mußte sich derselbe noch einen, wenngleich geringeren Zoll gefallen lassen, sondern namentlich auch jene so oft beklagten Nebenspesen und privaten Plackereien. Noch schlimmer war es, daß das neue Gesetze die Transito-Waren 6 Monate lang der Verfügung des Eigentümers und seines Vertreters vollständig entzog, ein Nachteil, der weiter verschärft wurde durch die bei jedem kleinen Fehler drohenden strengen Strafen, wie durch die kleinliche Beschränkung der ganzen Wohlthat auf die vorher angemeldeten und beeidigten Personen. Die Zahl derselben war anfangs 350—360, von denen nach 12 Jahren nur noch 300 übrig geblieben waren.

Die Zolleinnahmen wurden durch die Verordnung fast gar nicht beeinflußt, wie aus folgender Tabelle zu ersehen ist:

	Herrenzoll	Bürgerzoll	Transitozoll	Summa
1707	115,834 ℔	59,376 ℔	—	175,210 ℔
1708	105,074	54,227	—	159,302
1709	113,139	56,974	—	170,114
1710	111,820	50,977	—	162,797
1711	118,368	61,886	—	180,255

	Herrenzoll	Bürgerzoll	Transitozoll	Summa
1712	120,397	67,890	—	188,288
1713	97,959	55,358	2264	153,318
1714	118,389	59,630	4571	178,019
1715	111,509	52,990	7065	164,499
1716	134,205	72,218	7388	206,424
1717	124,809	65,482	6388	190,291
1718	121,276	63,227	6419	184,503

In den 6 Jahren 1707/12 wurde sogar um ca. 40000 ℔. weniger eingenommen als in den 6 Jahren 1713/18.

Ihren eigentlichen Zweck, die Altonaer Konkurrenz unschädlich zu machen, hat die Transitoordnung durchaus nicht erreicht, wie wir bald sehen werden. Es war eben eine halbe Maßregel, deren Hauptbedeutung darin liegt, daß endlich einmal das Eis gebrochen, endlich einmal dem starren Festhalten am Regalismus und Stapelzwange ein Ende gemacht wurde. Man sah, dies ging, ohne daß Hamburg zusammenstürzte. Und alle spätern Schritte in derselben Richtung, so spät und mühsam sie auch geschahen, sind doch im Grunde nur Konsequenzen dieses ersten zaghaft tastenden Anfangs.

Die Transito-Ordnung von 1713 hatte noch ein kleines, aber interessantes Nachspiel: Die Verhandlung mit dem Kaiser wegen Bestätigung der Ordnung, um das Zollregal nicht zu beeinträchtigen.[1] Schon am 26. Juli schrieb der Rat zu dem Zwecke an den Kaiser. Er legte in seinem Gesuche Wert darauf, daß „verschiedener Hohen Puissancen „ansehnliche Herrn Ministri damit fordersambst zu verfahren, „als einer Sache, woran dem ganzen Heil. Römischen Reiche „zu Fortsetzung und Facilitirung ihrer Commercien zum höchsten „gelegen, wohlmeinentlich angerathen hätten." Dies wird dann

---

[1] St.-A. Cl. VII Lit. Ea. Pars 2. Nr. 6a vol. 9, sowie das Repertorium des Archives Cl. I Lit. M (verbrannte Gesandtschaftsakten). Für das Ratsschreiben vom 26. Juli konnte ich nur ein Konzept benutzen. Dasselbe ist aber schon mit dem richtigen Datum bezeichnet, wird also wohl keine wesentlichen Änderungen mehr erfahren haben.

illustriert durch die Mitteilung, daß auch die Stadt Breslau „inständigst um Förderung dieses Werkes gebeten hat, zumal sowohl „ihrer als unserer Kaufmannschaft zum höchsten daran gelegen, daß „die Schlesische Leinewand und Garne gegen Erlegung „einer leidlichen Gebühr über Hamburg spedirt werden könnten."

Weiter heißt es in dem Schreiben, der Rat fürchte, daß seine guten Absichten von einigen Seiten falsch ausgelegt und dahin gedeutet werden möchten, „ob wollten Wir Uns von Unserer „uhralten und von Ew. May. Vorfahren allergnädigst confir= „mirten Zollgerechtigkeit abgeben." Dies könnte der Rat um so weniger verantworten „als wohl Niemand im ganzen Reiche „dergleichen Zölle sub titulo magis oneroso besitzet, angesehen „wir dafür von der Stadt an bis in die offene See die von „unseren Vorfahren mit sehr großen Kosten gelegten Tonnen „und Baken, welche die Untiefe der Elbe anzeigen, zusambt „dem kostbaren Feuer, welches des Nachts den Schiffern zur „Sicherheit dienet, auf dem Heiligen Lande (sic) am Munde „der Elbe unterhalten und alle Jahre hierauf ein Mehreres, „als der geringschätzige Zoll austräget, verwenden."[1]

Der Kaiser wird also gebeten, die Transito=Ordnung dahin zu konfirmieren „daß dadurch dieser Stadt juribus und competirenden Zollgerechtigkeiten keineswegs präjudicirt werden solle."

Das Gesuch wurde mit der am Kaiserlichen Hofe üblichen Langsamkeit behandelt, und als im Jahre 1715 Syndikus Winckler und Senator Reimbold als Gesandte der Stadt nach Wien gingen, wurde ihnen u. a. auch die Betreibung der Transito=

---

[1] Daß der Rat von einem Leuchtfeuer auf Helgoland sprach, geschah wohl nur deshalb weil er annahm, daß diese Insel in Wien besser bekannt sein würde, als Neuwerk. Thatsächlich befand sich auf Helgoland eine kleine Feuerblüse, die auch von Hamburg aus unterhalten wurde. Doch hat der Rat dieselbe schwerlich im Auge gehabt. Erstaunlich ist die Kühnheit seiner Behauptung, daß die Unterhaltung jener gemeinnützigen Einrichtungen mehr kostete, als der geringe Zoll einbrächte. Aber was frug hiernach der Kaiser?

Sache aufgetragen. Von allen den zahlreichen Zwecken ihrer Gesandtschaft bereitete ihnen dieser am wenigsten Schwierigkeiten, und nur der schleppende Geschäftsgang war schuld daran, daß sie nach zweijährigem Aufenthalte Wien wieder verließen, ohne die „Confirmation des Porto franco" — so hieß die Sache in Wien meist — mitnehmen zu können. Indes hatte der Reichshofrat anscheinend kein erhebliches Bedenken gegen die Bewilligung, und am 22. Januar 1718 schrieb der von den Gesandten für die rückständigen Angelegenheiten bestellte Vertreter von Maul an den Rat, das Projekt der Konfirmation sei in der Reichs-Hof-Kanzlei fertig, nur fordere das Taxamt „wider alle bessere Zuversicht ein ziemlich hohes Quantum pro taxa" (nämlich 513 fl. 30 Kr.), welches indes hoffentlich noch ermäßigt werden würde.

Aber in demselben Briefe mußte von Maul auch berichten, „daß der König von Preußen sich sehr eifrig gegen „die Confirmation gesetzt habe und zuverlässiger Nach„richt gemäß mit einer großen Schrift beim Kaiser dagegen ein„kommen würde, da er der Republik Hamburg den Zoll „auf der Elbe nicht gestatten wolle."

Wodurch König Friedrich Wilhelm zu dieser Opposition veranlaßt wurde, nachdem doch sein Hamburger Gesandter Burchard die Portofranko-Sache wenigstens eine Zeit lang unterstützt und später schwerlich bekämpft hatte, wird ersichtlich aus einem Reskripte des Königs an seinen Wiener Gesandten, den Grafen Schwerin, vom 5. Oktober 1717. Darin sagt er, „daß die Stadt Hamburg unter dem Namen des Porto „Transito (mißverständliche Wortbildung aus Portofranko „und Transito) ihre sämmtlichen Zölle und in specie den „Neuen Werks Zoll und das Convoye Geld per indirectum „gelten zu machen und die Kaiserliche Confirmation sub „et ob reptitie zu erhalten suche." Da somit neue oder eigenmächtig erhöhte Zölle konfirmiert werden sollen, so gehörte die Sache vor das Kurfürsten-Kollegium.. „Daß die Stadt," heißt es dann weiter, „durch solche Confirmation etwas ver„fängliches intendire, daran ist um so viel weniger zu zweifeln,

"weil sie sonst gar nicht nöthig hätte, die Kayserliche Confir=
"mation über das Porto Transito, wodurch der Zoll verringert
"ist, zu suchen, maßen einem jedem frei stehet, seinen habenden
"Zoll zu verringern oder sich desselben gar zu begeben."

Von diesem Reskripte wurde zugleich dem preußischen Residenten in Hamburg, immer noch Burchard, Kenntnis gegeben und derselbe aufgefordert, sich mit den Residenten von England, Dänemark und Kursachsen ins Vernehmen zu setzen, damit man die Intrigue der Stadt hintertreiben könne. In Wien protestierte Graf Schwerin feierlich gegen den Hamburger „Unfug", jedoch vergeblich. Die Transito=Ordnung wurde vom Kaiser bestätigt

Der Verdacht Preußens war ohne Zweifel unbegründet. Das geht schon hervor aus dem Wortlaute des an den Kaiser gerichteten Gesuches. Und auch in den Hamburger Verhandlungen ist keine Spur eines solchen Hintergedankens wahrzunehmen, sondern nur die alte Besorgnis, dem Zollregale möchte Eintrag geschehen, und man würde später bei Bedarf vielleicht nicht mehr den bisherigen Zustand wiederherstellen können. Denn die Ordnung bezeichnet sich ja selbst nur als einen Versuch, als außerordentliche Maßregel, deren Dauer von ihrem Erfolge abhängen sollte.

IV.

Es vergingen jetzt neun Jahre, ehe man in Hamburg wieder anfing, über den Transito zu debattieren. Inzwischen war Altona aus seinen Ruinen kräftiger und unternehmungslustiger als je erstanden, und die dänische Regierung hatte durch ein neues Privileg vom 18. März 1713 bedeutend hierzu beigetragen.[1] Denn dasselbe bestätigte nicht nur allen Einwohnern vollkommene Gewissensfreiheit und freie Ausübung ihrer Religion, sondern gewährte namentlich auch gänzliche Steuerfreiheit — abgesehen von Accise= und Lastgeld — auf zehn resp. zwanzig Jahre für

---

[1] Wichmann, Geschichte Altonas p. 149.

jeden, der ein Haus in der Stadt erbauen würde. Kein Monopol solle geduldet, sondern der Handlung freier Lauf gelassen werden. Alle in Altona angefertigten Waren sollten zollfrei nach Dänemark und Norwegen eingeführt werden dürfen, trotzdem jene Steuerfreiheit auch die allgemeine Befreiung vom Zolle einschloß, und Altona deshalb jedenfalls vom übrigen dänischen Gebiete durch Zollschranken getrennt war.

Dies waren wesentliche Vorteile. Überdem aber begnügten die Altonaer sich nicht damit, in ihren eigenen Grenzen den Hamburgern Konkurrenz zu machen. Sie benutzten für diesen Zweck auch die Hamburger Handelseinrichtungen, indem sie namentlich, ihre Waren im Hamburger Hafen zollfrei löschen und laden ließen. Das wollten die Hamburger sich nicht gefallen lassen, und hieraus erwuchs eine neue Agitation für Errichtung eines ganz freien Transito, die nach fünfjähriger Dauer ihr Ziel endlich erreichte.

Die erste Hälfte des 18. Jahrhunderts war für Hamburgs Handel im allgemeinen keine glückliche Zeit. Besonders lebhaft aber ertönten die Klagen in den zwanziger, dreißiger und vierziger Jahren. Als Hauptursachen der schlechten Geschäftslage werden hierbei angegeben: 1. die merkantilistische Handelspolitik der wichtigsten Staaten; 2. die vielen Kriegsunruhen; 3. die drückende Bevorzugung der Englischen Court im Handel mit England und 4. die Nähe von Altona. Wir haben uns hier nur mit dem letzten Punkte zu beschäftigen.

Altona wurde von den Hamburgern damals als ein schwerer Alp, als der schlimmste Erbfeind mit bitterem Hasse betrachtet, und die Ableitung „Altona — all' to nah'" ist in jener Zeit entstanden.

Niemand konnte sich vorstellen, heißt es in einer kaufmännischen Denkschrift vom Jahre 1724, daß Altona sich so rasch aus seiner Asche erheben würde. Man hatte eben a. 1713 gehofft, die Ermäßigung der Hamburger Durchfuhrzölle würde den Altonaer Verkehr zerstören, „wozu man wegen der Ein=
„äscherung von Altona ein treffliches Tempo gefunden

„zu haben vermeinte." Aber jetzt, heißt es nach diesem rühren=
den Bekenntnisse weiter, „ist schon wieder das ganze Elbufer bis
„nach Neumühlen mit weit in die Elbe hineingehenden Stacken
„und Packhäusern besetzt, welche mit fremden Commissionswaaren,
„sowohl ins Reich als in die See gehenden, dergestalt angefüllt
„sind, daß die Schiffe öfters ihre Ladung daselbst leichter und
„eher, denn in Hamburg finden können."

Am 25. April 1722 hielten die Kommerzdeputierten mit
dem Syndikus Surland und einigen anderen Abgeordneten des
Rats eine Konferenz „wegen des Löschens und Ladens in unseren
Thoren und Bäumen." Beide Teile wünschten den Altonaern
dies zu wehren. Aber das eigentlich treibende Element war auch
hier wieder die erbitterte Kaufmannschaft, während der Rat sich
mehr schieben ließ und bei aller Bereitwilligkeit, dem Kommer=
zium zu helfen, doch gegen die vorgeschlagenen Maßregeln zahl=
reiche Bedenken erhob. Überhaupt hätte er anfangs die ganze
Bewegung am liebsten zum Stillstand gebracht, da er von ihr
nur eine Verschlechterung der ohnehin stets gespannten Be=
ziehungen zu Dänemark erwartete. Deshalb empfahl auch Syn=
dikus Surland den Kommerzdeputierten strengste Geheim=
haltung ihrer Verhandlungen, „damit ja die Nachbaren
„nicht einmahl von solchem dessein etwas möchten penetriren und
„dadurch zu anderen Widerwärtigkeiten veranlasset werden. Welches
„denn auch Dep. Comm. sancte promittirten."

Bei der großen Masse des Stoffes, welchen die hiermit be=
gonnene fünfjährige Debatte zu Tage förderte, können wir letztere
nicht Schritt für Schritt verfolgen, sondern müssen uns damit
begnügen, ihre wichtigsten Entwickelungsstadien mitzumachen, in=
dem wir sie im übrigen als ein Ganzes betrachten und unser
Hauptaugenmerk einer Darstellung der einander bekämpfenden
Anschauungen und Vorschläge zuwenden.

Zwei Wege konnte man einschlagen, um der Altonaer
Konkurrenz durch obrigkeitliche Maßregeln entgegenzutreten. Ent=
weder konnte man zu den alten Zwangs= und Repressiv=
mitteln zurückkehren oder man mußte die in der Transito=Ordnung

von 1713 eingeschlagene Richtung weiter verfolgen und völlige Durchfuhrfreiheit gewähren.

Nach allem vorhergegangenen ist es doch merkwürdig, wie eifrig eine offenbar starke Partei sowohl im Senate wie in der Kaufmannschaft immer noch dem Repressivsysteme das Wort redete. Dagegen traten bei denen, welche dem Fortschritte huldigten, die ersten schwachen Spuren freihändlerischer Theorien zu Tage, obwohl es auch auf dieser Seite an monopolistischen Äußerungen nach wie vor nicht gefehlt hat.

Die Kommerzdeputierten waren anfangs derart gegen Altona erbittert, daß sie den vorsichtigen Rat zu den schärfsten Maßregeln, ja in nackten Worten zu einem förmlichen Chikanesysteme aufzureizen suchten.

Der Rat hatte erklärt, er sei nicht imstande, der Nachbarschaft das Löschen und Laden in unseren Bäumen direkt zu untersagen. Darauf antworteten die Kommerzdeputierten am 12. Mai 1722:

„Niemand, er sey hoch oder niedrig duldet, daß „auf seinem Territorio ein anderer eigenen Gefallens „lebe und zu seinem Nachtheil etwas widriges darauf beginne „oder unternehme. Welches Recht Hamburg mit anderen ja wohl „gemein haben und die einzige hoffentlich nicht seyn wird, „die Alles, was ein anderer sich nur herauszunehmen „begehrt, sofort nachgeben sollte."

„In vorigen Zeiten haben die Schiffer bey 100 ℳ Strafe „sich obligiren müssen, in Altona weder Güter zu löschen noch „zu laden. Ja, noch Anno 1699 im April ist die Englische „Court zusammen gewesen und hat decalariret: daß Niemand von „ihrer Compagnie ins künftige etwas laden wolle in Schiffe, die „zu Altona löschen oder Ladung einnehmen, auch eben solches nach „England geschrieben ꝛc. Es hat auch die sogenannte Plucken= „Jagd in Commission gehabt, wie auf alles andere, also auch „sonderlich darauf mit zu sehen, daß bey Tage oder Nacht von „Altona nichts nach oben, noch auch wieder von dannen ohne „Zollzettel hinunter gebracht könnte werden, wodurch gemeldten

„Altonaern damahlen dann, ihre zum großen Abbruch „dieser guten Stadt unternommene Spedition dermaßen „difficil und sauer gemachet worden, daß in Ansehung „dieser und mehr anderen sehr gut und höchst rühmlichst „beliebten Mesures unterschiedene dort etabliert Gewesene „den Ort lieber wieder räumen, als sich in ihrem Thun „länger also kränken und veriren lassen wollen". Jenes freie Löschen und Laden der Altonaer sei also keine hergebrachte, sondern eine erst kürzlich eingerissene Unsitte.

„Sollte die Sache auf dem alten besagten Fuß präcise aber „wieder zu bringen nicht möglich seyn, so wird doch allerwenigstens „uns nicht übel genommen, noch verarget werden können, wenn „wir unseren declarirten und täglich mehr nachstellen= „den Feinden die Milch aus unseren eigenen Brüsten „zu saugen verwehren und unser Gehäge, als wozu un= „streitig wir allein nur Recht haben, vor demselben be= „wahren und verschließen."

Es soll also den Altonaern verboten werden, anderwärts wie in ihren eigenen Grenzen oder auf dem freien Strome zu löschen und zu laden. „Dadurch würde der Hohn und „Spott, so dieser guten Stadt so unbilligerweise „eine Zeit lang angethan ist worden, wenigstens in „etwas wieder abgewischet und remediret, mithin „den Altonaern die Sache mehr sauer und beschwer= „lich gemacht werden, als vielleicht mit einem „Porto franco."

So jammervoll kleinlich waren damals noch die Anschauungen der Kaufmannschaft von den Aufgaben Hamburger Handelspolitik.

Auch im Senate gab es eine Partei, welche in dasselbe Horn stieß, nur hatten ihre Ansichten eine mehr fiskalische Färbung. Sie wollte „die jura der Stadt mainteniren und alle Verletzungen abwehren."[1] Als „origo mali" betrachtete diese reaktionäre

---

[1] Die Ratsverhandlungen nach St.-A. Cl. VII Lit. Ea Pars. 2 Nr. 6a vol. 2—10.

Partei den Umstand, daß so viele Hamburger Bürger selbst nicht nur die ihnen von Fremden gesandten, sondern auch ihre eigenen Güter, um den Zoll zu ersparen, an der Stadt vorbei nach Altona gehen ließen. Daß es solche Leute unter uns gibt, so eiferte man, ist eine Schande. „Severissimis poenis coercenda sunt ejusmodi carcinomata!" Mit Wehmut blickten diese Regalisten der alten Schule — gewiß durchweg gelehrte Ratsherren — auf die schöne Zeit zurück, als Hamburg den Altonaern noch verbieten konnte, auf der Elbe Waren aufzukaufen und in Altona Niederlage zu halten; als Altonaer Bier in Hamburg doppelte Accise geben mußte; als die Hamburger in Altona noch keine Speicher, noch andere Häuser bauen durften; nur Hamburger Bürger im Banko ein Folio haben konnten; als die Zünfte jedes Stück Altonaer Handwerksarbeit in Hamburg ohne weiteres konfiszieren lassen konnten 2c. 2c. Diese herrliche Zeit war leider dahin, wie auch die Romantiker des Regalismus allmählich widerstrebend zugestehen mußten. Wenn jetzt Hamburg „nur das Geringste zur Maintenirung seiner Zoll=, Stapel= und Ämter=Gerechtigkeiten thun wollte", so würde es damit unfehlbar die härtesten dänischen Retorsionsmaßregeln herbeigeführt haben. Aber selbst wenn dies nicht der Fall gewesen wäre, hätte bloße Repression jetzt noch weniger Erfolg gehabt, als früher.

Wollte man insbesondere den Altonaern das zollfreie Löschen und Laden in Hamburg verbieten, so war dies allerdings für jene zunächst ein harter Schlag. Denn da sie selbst noch keinen sicheren Hafen besaßen, so hätten die Schiffe oft draußen auf dem Strome warten müssen, was namentlich die Oberlandsfahrer nicht gerne thaten. Auch die mechanische Möglichkeit, das Verbot durchzuführen, war allenfalls gegeben. Man brauchte zu dem Zwecke „nur den Obernbaum bei der Bake und den Niedernbaum beim Neptunus zu schließen, wodurch zugleich das lästige Hereinflößen des Holzes beseitigt worden wäre." Indes hätte dies den gesamten Schiffs=verkehr jedenfalls auf höchste beschwert. Und dann konnten die

Altonaer die schädlichen Folgen der Maßregel für ihren Handel auf mannigfache Weise abschwächen, ja vielleicht ganz illusorisch machen.

Sie hätten die holländischen Schmacken sowohl wie die Oberlandsfahrer überredet, in Altona anzulegen. Schon jetzt fanden diese Fahrzeuge **bei nicht gar zu starkem Sturme** hinter den sehr weit in den Strom hineingelegten Stacken des Altonaer Ufers zur Not einen ziemlich sicheren Ankerplatz. Dann aber hätte man durch jenes Verbot die Altonaer um so eher veranlaßt, **einen eigenen Hafen anzulegen**, wie sie dies bereits beabsichtigten.

Ausschlaggebend war immer, daß die Stadt ihre Zollgerechtigkeit gegen Dänemark nicht mit Gewalt aufrecht erhalten konnte, zumal in dieser Sache Holland, Preußen, Sachsen und andere Mächte mit Dänemark gemeinsame Sache gegen Hamburg gemacht hätten, wie ja schon früher geschehen war. Ehemals, sagte man, als die Nachbarn noch nicht so mächtig waren, konnte Hamburg durch seine Auslieger wohl die Umgehung des Stapels verhindern. Doch jetzt ginge das nicht mehr an. Also auch diesen Gedanken mußte man fallen lassen. Was blieb unter solchen Umständen zu thun übrig? Rein aus den lokalen Erfahrungen abstrahierte man den Satz „**Die Handlung leidet eben keinen Zwang**", sprach ihn aus und begann andere Vorschläge zu erörtern.

Hierbei ging man sehr gründlich zu Werke und suchte zunächst einige Vorfragen zu beantworten. Man forschte nämlich

1. nach ausreichenden Gründen für den Mißerfolg der Transito-Ordnung von 1713;
2. nach den Übelständen, an denen der Hamburger Handel sonst laborierte, und ganz besonders
3. nach den Vorteilen, deren sich Altona gegenüber Hamburg erfreute.

Die erste dieser Fragen ist vorhin schon kurz behandelt worden: Die Transito-Ordnung von 1713 konnte ihren Zweck nicht erreichen. Wenn man jetzt gegen alle weitern Reformen geltend machte, der geringe Erfolg der Transito-Ordnung lehre, wie sehr das Resultat derartiger Maßregeln vom Zufalle abhinge wie wenig es sich voraussehen ließe, so war dies ein Trugschluß. Nach und nach kam man denn auch zu der Erkenntnis, daß die Halbheit jener Maßregel den schlechten Erfolg hauptsächlich verschuldet hatte. Nur war man noch nicht weit genug von dieser Halbheit entfernt, um alle Mängel der Transito-Ordnung nun auch sogleich zu verbessern. Man begnügte sich vielmehr nach vielem Hin- und Herreden mit der Beseitigung des geringen noch übrigen Durchfuhrzolles.

Was ferner die Übelstände betrifft, unter denen der Hamburger Handel auch abgesehen von der Altonaer Konkurrenz zu leiden hatte, so legte man in diesen Jahren das Hauptgewicht auf folgende Punkte:

1. Man wies hin auf die „lang andauernden inneren „Zwistigkeiten, die, von der Kaiserlichen Commission „kaum gedämpft, immer noch unter der Asche lodern."
2. Man beklagte „den animus danicus vieler der Unserigen."
3. Die vielen „Drangsale, Wassers- und Feuersschäden, feind„lichen Invasionen, kostbaren Traktate, großen Extorsio„nen" 2c. und das hiermit zusammenhängende Anwachsen der öffentlichen Ausgaben. In der That mußte die Stadt seit 1708 jährlich sehr bedeutende Gelder durch Rentenkauf, Lotterien oder beim Banko aufnehmen.
4. „Die tacita et perpetua contributio der Stadt an Dänemark und die Erschöpfung Jener durch die neue dänische Münze." Wegen dieser Angelegenheit und ihrer für Hamburg sehr wichtigen Folgen kann man Büschs Darstellung vergleichen.[1]
5. „Die Untiefe des Elbstromes, wodurch große „schwer beladene Schiffe in den Hafen einzulaufen ver„hindert werden."

---

[1] Büsch, Hambg. Handl.-Geschichte p. 93 und die dort citierte Abhandlung im zweiten Bande der Handlungsbibliothek.

6. Der übermäßge Luxus der Hamburger. Es wird empfohlen, demselben durch eine gute Polizei-Ordnung zu steuern, ein Mittel, von dem man sonst damals schon zurückgekommen war.
7. „Die Niederlegung der aufwärtigen Elbschif-„fahrt, deren sich die Harburger, Lüneburger, Magde-„burger, Berliner und Dresdener fast ganz bemächtigt „haben". Überhaupt empfahl man nach wie vor merkan-„tilistische Maßregeln, „damit alle Ausrhebung von „Schiffen, ja auch selbst deren Bau bei der Stadt „bleiben möge, zumal die Fremden nichts zur Blüse, noch „Baken und Tonnen contribuiren." Daß die Fremden hierfür eben den viel höheren Zoll zahlen mußten, blieb unerwähnt. Freilich wälzten sie denselben zum Teil jedenfalls von sich ab. Doch nur von dem eigenen Konsum der Hamburger Bevölkerung wurde letzterer der Zoll und zwar mit Recht aufgebürdet.
8. Die Benachbarten sind uns zu mächtig und dabei bedacht, „die Einkünfte ihrer Länder durch consilia cameralia zu verbessern."
9. Die übermäßig strenge Behandlung der Falliten in Hamburg, da man keine cessio bonorum gelten lassen will und hierdurch die unglücklichen Leute in die Nachbarschaft (d. h. zumeist nach Altona) jagt, wo sie sich dann etablieren und uns Konkurrenz machen.
10. Die nicht zu verwehrende Umfuhr und die hieraus hervorgehende Abandonnierung des Stapelrechtes. In der ganzen Welt strebt der Handel jetzt nach möglichst direktem Bezuge aus den Produktionsorten. Früher holte man die amerikanischen und ostindischen Waren aus Portugal und Spanien. Jetzt schicken Holländer, Engländer, Franzosen selbst ihre Schiffe dorthin und haben eigene Kolonien. Die Hamburger fahren freilich auch an Italien vorbei direkt nach der Levante. Aber viel mehr als uns dieser kleine Vor-

teil nützt, schadet es uns, daß die **Engländer** sich jetzt die **Schlesische Leinewand** selbst holen, während sie dieselbe früher von den Hamburgern kaufen mußten. — Aus dieser Darstellung geht u. a. hervor, **daß man das Stapelrecht in Hamburg als faktisch aufgegeben betrachtete**, — endlich! Es hatte lange genug gedauert, ehe man zu diesem Resultate gelangte. Daß man zugleich völlige **Gleichberechtigung von Fremden und Bürgern** forderte, in Bezug auf den Handelsbetrieb, beweist ebenfalls wie die veränderte Lage des Hamburger Handels mehr und mehr zum allgemeinen Bewußtsein kam.

Alle die jetzt aufgezählten Übelstände wurden allerdings schon besprochen, auch einige Vorschläge daran geknüpft. Aber hauptsächlich konzentrierte sich die Diskussion auf die „**gar zu nahe „Angrenzung von Altona** und dadurch inevitable augen= „blickliche Communication, Collusion, Defraudation und Confusion." Hierbei zeigte sich denn alsbald, daß man zwar im Prinzipe die Vorteile einer freieren Handelspolitik recht gut zu würdigen wußte, daß man jedoch bei Erörterung von Einzelfragen nur gar zu leicht in die alte kleinliche Exklusivität zurückfiel.

Rasch sah man ein, daß die zwanzigjährige Zollfreiheit nur **einer** von den Vorteilen war, welche Altona damals gegenüber Hamburg auszeichneten; und im Rate wurden lange Kataloge dieser Vorteile angefertigt, um darzuthun, daß die bloße Abschaffung des Durchfuhrzolles noch bei weitem nicht hinreichen würde, um die Altonaer Konkurrenz unschädlich zu machen.

Obenan stand hierbei die Altonaer **Religionsfreiheit**. Seit weit über einem Jahrhundert genossen Katholiken und Reformierte, Juden und Mennoniten in Altona das Recht freier Ausübung ihrer Religion. In Hamburg dagegen demolierte der von den Pastoren aufgeregte Pöbel im Jahre 1718 das Haus des Kaiserlichen Gesandten, des Grafen Metsch, weil derselbe angefangen hatte, für sich eine katholische Kapelle zu bauen. Und als gleichzeitig auch die Reformierten um Gewährung der freien

Religionsübung einkamen, wurde ihnen dies abgeschlagen, trotzdem sich der König von Preußen und die Generalstaaten für sie verwendeten. Noch ein halbes Jahrhundert später wollte die Bürgerschaft nicht einmal den stillen Gottesdienst der Reformierten dulden, so sehr auch der Senat besonders aus politischen Gründen hierfür eintrat. Es ist zur Genüge bekannt, wie viele tüchtige Köpfe und fleißige Hände diese Engherzigkeit der Nachbarstadt zugeführt hat.

Nach der Religionsfreiheit die Gewerbefreiheit. Das Altonaer Stadtprivileg von 1713 verbot alle Arten von Monopolen. In Hamburg wachten die „Ämter" immer noch eifersüchtig über ihren Zwangsrechten. In Altona herrschte Braufreiheit, in Hamburg war das Brauen ein Realrecht der 527 alten Brauhäuser, das im Preise dieser Häuser und demgemäß auch im Preise des Bieres seinen Ausdruck fand. Zugleich waren die auf diesem wichtigen Gewerbe lastenden Abgaben (Accise, Matten 2c.) in Altona erheblich geringer als in Hamburg.

Aus der geringeren Höhe der Konsumtionssteuern wie aus der Zollfreiheit und unbeschränkten Zufuhr ergaben sich ferner für Altona billigere Löhne und Lebensmittelpreise. Letzteres veranlaßte die Hamburger Rheder, ihre Schiffe meist in Altona zu verproviantieren. Mit denselben Umständen hing es zusammen, daß die Holzsägereien und Schiffsbauereien sich größtenteils nach Altona hingezogen hatten, was wiederum für die dortige Schiffahrt keine geringe Bequemlichkeit war. Dagegen suchte der Holzhandel, ebenso wie der Kornhandel Altona weniger auf. Vielmehr wurden diese Waren, soweit sie zur Durchfuhr bestimmt waren, meist in Harburg, im Reicherstiege („Reigernstieg") und Köhlbrande oder auch mitten auf dem freien Elbstrome aus den oberländischen Fahrzeugen in die holländischen Schmacken 2c. umgeladen.

Daß nicht nur, wie schon erwähnt, die Hamburger Falliten, sondern auch „loses Gesindel und Verfestete" in Altona eine „sichere Retraite" fanden, war ein fragwürdiger Vorzug für Altona, dagegen unzweifelhaft ein großer Nachteil für Hamburg.

Gegenüber dem unmäßigen Aufwande vieler Hamburger wird die Sparsamkeit der Altonaer rühmend hervorgehoben. Ebenso erklärlich wie dies ist die weitere Thatsache, daß sich die Altonaer mit weniger Speichermiete und im Kommissions- und Speditionsgeschäfte auch mit geringerer Provision begnügten.

Wie man über das Speditionsgeschäft damals noch in der Hamburger Kaufmannschaft dachte, geht hervor aus folgendem, in einer Denkschrift der Kommerzdeputierten vom 12. Juni 1722 enthaltenen Passus:

„Obschon die Spedition eine gar mühsame Sache ist und
„vor einem jeden sich nicht schicket, sie auch der Mühe
„nicht sonderlich verlohnet, zumahlen wenn man sich nur
„mit gar wenigem vergnügen und den Altonaern es
„darin gleich thun soll: So soll, da vielleicht ein oder anderer
„darin einen großen Schatz vergraben zu seyn gedenken mögte,
„ein jeder dazu admittieret werden, der (1) nicht nur allein ein
„würklicher Einwohner, sondern zugleich ein würklich
„großer Bürger ist, und (2) sich auf die annoch zu beliebende
„Art und Weise mit Prästirung des dazu auch noch aufzusetzen-
„den Eydes qualificirt wird haben. — Daß man von würk-
„lichen Bürgern und Einwohnern redet, geschiehet darum, daß
„die Altonaer davon ausgeschlossen und denselben das
„Mittel, ihr Werk in weiterem (wie es gar ein leichtes wäre)
„von dorten aus continuiren zu können, dadurch gänzlich
„untersagt und abgeschnitten bleiben mag." Ein sonderbarer Auswuchs des absterbenden Monopolismus! Streng genommen, durften damals immer noch nur die Bürger Speditions- wie andere Faktoreigeschäfte treiben, und noch Jahrzehnte später fehlte es nicht an einzelnen Versuchen, dies auch in der Praxis durch- zuführen.

Abgesehen von der billigeren Miete, wurde es damals schon als ein weiterer Vorzug der Altonaer Packhäuser angesehen, daß sie hart an der Elbe lagen, daß also das Löschen und Laden dort billiger war und der allmähliche Bau neuer Speicher längs dem

Elbufer leichter als in Hamburg sich bewerkstelligen ließ. Wenn die Altonaer dennoch den Hamburger Hafen viel benutzten, so hatte das eben andere Gründe.

Ein noch weit wichtigerer Vorzug Altonas war es, daß man hier alle, also auch die **Transito-Güter frei öffnen und umpacken durfte**, was in Hamburg grade bei diesen nicht und überhaupt nur dann geschehen konnte, wenn der volle Zoll entrichtet wurde. Deshalb brachte man auf Spekulation gekaufte Waaren, von denen man noch nicht wußte, wo und wann man sie wieder verkaufen würde, viel lieber nach Altona, als nach Hamburg.[1]

Dies ist schon eine recht stattliche Anzahl von bedeutsamen Punkten, in denen Altona der älteren Rivalin überlegen war. Nimmt man nun noch die **Zollfreiheit** selbst hinzu, sowie die Freiheit von jenen „Accidentien" und sonstigen halb privaten Plackereien, so hat man wohl Ursache, mit dem alten, trefflichen Büsch[2] zu fragen, „warum Altona durch seine Schifffahrt und Handlung nicht viel größer angewachsen sei." Hören wir, wie Büsch selbst, obwohl mit bescheidenem Zweifel an der Richtigkeit seiner Meinung, diese Frage beantwortet. Er sagt:

„Die Erfahrung beweiset, daß wenn einmahl eine Stadt durch „Handlung und Gewerbsamkeit groß geworden ist, auch dann, „wenn sie einige der Vortheile verliert, welche sie vorhin groß

---

[1] Dem gegenüber macht es einen sonderbaren Eindruck, wenn die Kommerzdepurtierten im Anfange der Verhandlungen einmal vorschlugen, **die Transitofreiheit auf 3—4 Monate höchstens zu beschränken**. „Denn wer sich von anderen Orten etwas kommen lässet oder dahin sendet, „hat gemeiniglich gerne, daß ein jeder Theil je eher je lieber wohin er „destiniret komme, er mithin also um so viel eher damit wieder an den „Markt zu kommen und das Seine wieder daraus ziehen zu können, sich in „den Stand gesetzt sein mag". Letzteres war ganz richtig, aber das vorgeschlagene Mittel war verkehrt.

[2] Hambg. Handl.-Geschichte p. 84 ff. Als Büsch dies schrieb (1797), waren freilich eine Anzahl der Altonaer Vorzüge schon verschwunden bezw. durch anderweite Vorzüge Hamburgs aufgehoben.

„machten, doch noch keine andere Stadt in ihrer Nähe
„aufkommen kann. So ist z. B. noch unterhalb der
„Städte, welche durch Natur-Veränderung die Schiffbarkeit
„ihres Flusses von der See her mit großen Schiffen verloren
„haben, keine andere Seestadt entstanden. Hamburg aber hat
„noch keinen dieser Vortheile verloren, auf welchen sein Zwischen=
„handel sich stützt, sondern vielmehr eine Menge diesem zuträg=
„licher Einrichtungen in neueren Zeiten denselben hinzugefügt.
„Es hat die solideste Bank, welche man denken kann. In
„ihr trifft der Lauf der Posten aus dem gesammten Europa
„und insonderheit die Ankunft und der Abgang der meisten an
„dem Morgen und Abend Eines Tages so gut zusammen,
„als die Handlung immer es wünschen kann. In ihr sind eine
„Menge Institute zur Beförderung der Handlung beisammen.
„Auf ihrer Börse versammeln sich täglich mehr als tausend
„Kaufleute und Hülfspersonen für die Handlung. So etwas
„kann nicht an zwei nahen Orten zugleich sein, son=
„dern hält sich nur an Einem von beiden beisammen.
„Das erfuhr der verstorbene Herr Graf von Schimmelmann, als
„er vor 20 Jahren auch Altona eine Giro-Bank und eine
„Börse geben wollte. Wer dies bedenkt, wird bald einsehen,
„daß die Stadt Altona wirklich der Geschäfte so viel
„macht, als in der so nahen Nachbarschaft mit der
„großen Handelsstadt sich nur immer machen lassen.
„Wer aber sich näher erkundigt, wird auch erfahren, daß sie
„von den der Handlung dienenden Instituten (Bank,
„Börse, Wechselgeschäften, Posten, Assekuranzen, Makelei), die
„alle in Hamburg beisammen sind, wie auch von dessen
„beiden Häven allen möglichen Nutzen zieht, wenn=
„gleich einigen Unbequemlichkeiten, die aus der Verschiedenheit
„des Ortes entstehen, nicht abgeholfen werden kann."

Ich habe diese Ausführung Büschs hier vollinhaltlich
wiedergegeben, einmal weil sie auch für die Gegenwart noch zu-
treffend geblieben ist. Ja, noch weit mehr als vor 100 Jahren
wird diese aufsaugende Wirkung eines großen Verkehrs=Centrums

von der schwächeren Nachbarstadt empfunden, und erst die Zukunft kann lehren, ob letztere bei geeigneter Behandlung nicht doch noch sich selbständig weiter entwickeln kann.

Dann aber ist es doch in hohem Grade merkwürdig, daß dasjenige, was Büsch hier mit Recht als einen nie einzuholenden Vorsprung Hamburgs bezeichnet, von den Hamburgern 70 Jahre früher als ein schwerer Nachteil empfunden wurde.

Wir sahen bereits, welchen fanatischen Haß die Benutzung des Hamburger Hafens durch die Altonaer in Hamburg erregte. Und hier war es doch die Natur selbst, welche die von den Menschen gegeneinander gehetzten beiden Städte auf friedliche Nachbarschaft anwies. Freilich trugen die Altonaer zu den Kosten der Hamburger Häfen ebensowenig etwas bei, wie zu denen, welche die Betonnung und Beleuchtung der Unterelbe verursachte. Aber ganz desselben Vorzuges erfreuten sich in Hamburg ja alle Fremden. Was den Hamburgern so die Galle erregte, war nur die Thatsache, daß sie zusehen sollten, wie ihre ärgsten Konkurrenten ihre Handelseinrichtungen kostenlos mit benutzten, und wie sich dieselben hierbei auch der Zollzahlung zu entziehen wußten. Doch nicht nur die Mitbenutzung des Hafens wurde so gehässig betrachtet, sondern auch die von Börse und Bank.

Was freilich die Börse betrifft, so hatte man sich, trotz gelegentlicher Beschwerden doch schon längst daran gewöhnt, daß deren Besuch allen Fremden freistand. Wie hätte man sie also den Altonaern wehren können? Bei der Bank dagegen durften von Rechtswegen nur Hamburger Bürger ein Folio haben, und nur unter dem Namen eines solchen konnten daher die Altonaer sich der Bank bedienen, was denn auch in ausgedehntem Maße geschah. Derartige „Collusiones" aber waren den Hamburger Patrioten stets Gegenstände des größten Abscheues. Es gab ihrer eine ganze Anzahl.

Nicht nur beklagte man die „Inclination unserer gemeinen und theils vornehmen Leute umb dahin zu lauffen und zu fahren, allerhand Consumptibilien und Waaren einzu=

kaufen, sich zu divertiren und zu trincken" (o quae mutatio rerum!), — sondern namentlich auch die Errichtung von Gesellschaften zwischen Hamburgern und Altonaern, die Spedierung von Hamburger Waaren an Altonaer Kommissionäre, die Errichtung von besonderen Filialen in Altona, die durch dortige Bürger als Faktoren oder auch als Teilhaber geleitet wurden.

„Die Nähe des Ortes", wird geklagt, „macht fast das An= „sehen, als ob beyde Örter in einer Ringmauer begriffen wären." — „Wir selbst kehren die Handlung ganz um und machen den „größten und importantesten Theil des Altonaer Commercium, „bringen dahin unsere Güter, löschen und laden dort, disponiren „bei dortigen Negotianten unsere Gelder, bauen Häuser und „machen also uns selbst — nur daß wir bloß in „Hamburg wohnen — im übrigen mit Verpflichtung, „Gemüth und Vermögen zu Altonaischen Unter= „thanen." Darin lag allerdings eine wunderbare Umkehrung der natürlichen Verhältnisse. Aber noch mehr! Man fürchtete sogar schon, „daß viele Hamburger, die ja schon jetzt ihr Geschäft „über Altona betreiben, ihrer bürgerlichen Pflicht so sehr ver= „gessen möchten, daß sie sich gänzlich dahin zu wohnen „begeben dürften, zumal die dort gehaltenen ziemlich großen „öffentlichen Auctiones von Gütern, welche alle von „Hamburgern gekauft werden, Anlaß geben nicht nur ein „bloßes Speditions=, sondern auch ein beständiges eigenes Nego= „tium daselbst zu etabliren."

So ganz unbegründet mochte diese Furcht nicht sein. Indes hatte ein etwas kühler denkender Ratsherr vielleicht Recht, wenn er dazu schrieb, „die Freiheit ist zu lieb (d. h. die politische Freiheit) und die Ungewißheit der Sicherheit zu groß", welche letztere Bemerkung abzielte auf die Ungewißheit über die Dauer der günstigen Altonaer Verhältnisse. Ein anderer Rats= herr verstieg sich sogar zu der im Zeitalter des fürstlichen Mer= kantilismus gewiß höchst sonderbaren Äußerung: „Man hat wenig Exempel, daß unter souverainen Regierungen die Commercia floriren." Von dem Aufhören der zwanzigjährigen Altonaer Abgabefreiheit (1733) erhoffte man auf dieser Seite auch das Aufhören der nachbarlichen Konkurrenz. Alles das, um darzuthun, daß weitere Zollerleichterungen unnötig seien. Und dies war dieselbe Partei, welche das Hamburger Kommerzium durch die strengsten Strafen gegen jene „Unterschleife und Collusionen" in „Flor" bringen wollte!

Wägen wir die Vorteile und Nachteile der beiden Städte gegeneinander ab, so liegt zunächst auf der Hand, daß Altona nach seiner geographischen Lage so ziemlich denselben Handel treiben konnte und kann, wie Hamburg. Dies wurde auch damals schon sehr wohl begriffen, und man zog nur daraus den falschen Schluß, daß zwei so nahe gelegene konkurrierende Städte überhaupt auf die Dauer nicht nebeneinander bestehen könnten, sondern daß die eine die andere aufreiben müßte.

Lag insoweit die Partie ziemlich gleich, so finden wir ferner, daß alle die beträchtlichen Vorteile, welche für Altona aus seiner Eigenschaft als junge, aufstrebende Stadt und aus der Gunst der dänischen Regierung hervorgingen, mehr als aufgewogen wurden durch jene anderen, von Büsch mit Recht betonten, teils natürlichen und teils erst geschichtlich gewordenen Vorzüge Hamburgs. Aber diese kamen, wie ja auch schon Büsch sagt, wegen der großen Nähe der beiden Städte, ebenfalls Altona zu gute und zwar kostenlos, womit der Nutzen, den Hamburg aus manchen Altonaer Einrichtungen mit zog, gewiß nicht verglichen werden kann. Ferner erschien in der Zeit, von welcher hier die Rede ist, beides — sowohl jene Mitbenutzung Hamburger Einrichtungen durch die Altonaer, wie auch der vielen Hamburgern aus der Nähe Altonas erwachsende Vorteil — als schwere Schädigung des Hamburger Interesses. So sehr war man eben noch in den alten exklusiven Anschauungen befangen! Und in Wahrheit lag ja das Verhältnis damals insofern besonders ungünstig für Hamburg, als dieses nicht nur seine alten Vorrechte der Altonaer Konkurrenz zum Opfer fallen sah und einen bedeutenden Teil seines Handels sich entreißen lassen, sondern auch unter dem Eindrucke dieser Entwickelung fürchten mußte, daß das Schwergewicht des ganzen Verkehres überhaupt mehr und mehr nach Altona hinrücken würde.

So schlimm stand es nun freilich nicht. Denn schließlich mußten die Vorzüge Hamburgs den Sieg davontragen, mußte die Entwickelung Altonas zum Stillstand gelangen. Immerhin sollte man erwarten, daß die Hamburger bei so klarer, ja übermäßig düsterer Auffassung der Sachlage, jetzt wenigstens nichts unterlassen hätten, um den Altonaern ihre Trümpfe zu entreißen. Manches konnte man allerdings nicht ändern, und für manche anderen Maßregeln war jedenfalls die Zeit noch nicht gekommen. So wäre es namentlich unbillig zu erwarten, daß Hamburg damals schon völlige Zollfreiheit hätte gewähren sollen. Das ging schon aus fiskalischen Gründen nicht an, da das Budget nun einmal auf die Zölle eingerichtet war und andere gleich große Einnahmen sich schwerlich hätten finden lassen. Auch wurde hieran noch nirgends gedacht. Dagegen schlug man vor, den hohen Admiralitätszoll abzuschaffen, dessen Ertrag ja gar nicht der Kämmerei zufloß, sondern von der Admiralität selbständig verwaltet wurde. Man meinte, die kostbare Convoy sei „für jetzt" nicht nötig. Indes wenn auch momentan grade keine Convoy mehr abging, so konnte man sie doch angesichts des nie ganz unterdrückten Piratenunwesens unmöglich schon völlig entbehren. Aber in anderen wichtigen Punkten hätte man sehr wohl namentlich dem Durchgangsverkehre große Erleichterungen gewähren können.

Schon im Jahre 1722 schlugen die Kommerzdeputierten vor,

1. den Transito-Zoll ganz zu beseitigen. Die Altonaer hätten ja die Durchfuhr fast vollständig an sich gezogen, wodurch dieselbe zum Nachteile Hamburgs ohnehin faktisch zollfrei geworden sei. Jetzt bliebe nichts übrig, als die Zollfreiheit zum Vorteile Hamburgs selbst einzuführen.

2. Man solle den bisher vom Transito-Priviligium ausgeschlossenen Waaren (Holz, Korn, Wein, Branntwein, Essig, Kupfer, Eisen 2c.) diese Wohlthat zu teil werden lassen.

Vom Umladen des Holzes und Kornes, das jetzt in Harburg ꝛc. (s. o.) stattfand, könnte die Stadt wenigstens eine kleine Neben=Nahrung haben. "Wein, Branntwein und "Essig aber sind 3 Capi, die vor allem die Preußischen "Unterthanen betreffen, darum auch ist es so viel bedenklicher, "daß sie also mit dürren Worten berühret und ausge= "schlossen werden, als man von gewisser Hand weiß, daß "deren König und Herr, um sein Stettin in Flor zu bringen, "seinen Unterthanen den Weg aus Frankreich über Stettin dem "über Hamburg zu präferiren anzusinnen vermeynet." In der That suchte König Friedrich Wilhelm den Handel des ihm im Jahre 1720 zugefallenen Stettins nach Kräften zu fördern und schon nach wenigen Jahrzehnten wird diese Stadt zu den Hauptkonkurrenten Hamburgs gezählt. Was endlich Kupfer und Eisen[1] betrifft, so würden dieselben zum Transito ohnehin nur selten vorkommen. Denn Kupfer werde hauptsächlich aus Hamburgs eigenen Kupfermühlen bezogen, das Eisen aber von Schweden meist nicht via Hamburg nach Deutschland geführt.

Gegenüber diesen Gründen der Kaufmannschaft bestand der Rath darauf, daß alle die genannten Waren vom Transito= Privilegium ausgeschlossen bleiben müßten, wobei wegen Wein, Branntwein und Essig wahrscheinlich die Rücksicht auf die Accise maßgebend war, vielleicht daneben auch der Zweck einer Retorsion gegen Preußen. Hinsichtlich der anderen Waren heißt es dagegen ausdrücklich, daß dieselben nicht emballiert und in Fässern oder Packen eingeschlagen werden könnten, wes= halb sie Defrauden unvermeidlich ausgesetzt seien. Denn an dem Plombierungszwange hielt man unverrückbar fest, obwohl die Kaufmannschaft

3. vorschlug, der schon durch die Transito=Ordnung von 1713

---

[1] Kupfer und Eisen hatte man in einem Nachtrage zur Transito-Ordnung vom Jahre 1713 als Transito-Waren zugelassen, was jedoch später widerufen worden sein muß. Denn die Kommerzdeputierten bezeichnen sie jetzt ausdrücklich als eximiert.

eingeführte Eid solle von jeder weiteren Vorsichtsmaßregel befreien, so daß dann jedermann berechtigt sein würde, die Transitogüter bei sich zu lagern, zu öffnen, umzupacken ꝛc. Denn je leichter man es dem Handel mache, desto besser. Nötigenfalls aber müßte man ein oder zwei zollfreie Niederlagen errichten, wo alle jene Manipulationen bequem erledigt werden könnten. — Der Rat aber wollte so wenig von jenem allerdings gar zu vertrauensseligen Vorschlage etwas wissen — man hatte mit dem Eide schlechte Erfahrungen gemacht — wie von dem kostspieligen Bau großer Lagerhäuser;

4. verlangten die Kommerzdeputierten, es solle den Zollbedienten untersagt werden, von den kleinen Fahrzeugen und Schmacken ihre schweren Ungelder und Accidentien zu fordern. Dafür solle man sie aus der Stadtkasse entschädigen Auch im Rate wurde hervorgehoben, wie z. B. von den schweren Lasten des Holzhandels das wenigste der Stadt zu gute käme. Thatsächlich forderte man denn auch die Zollbedienten und anderen Beamten ähnlichen Charakters auf, ihre Gebührentarife, ihre „Schragen", zur Kontrolle einzureichen, was indes sehr langsam und anscheinend überhaupt nicht vollständig geschah. Trotzdem wurden die Gebührensätze zur ferneren Verhütung willkürlicher Plackereien ein für allemal normiert; aber sehr mannigfaltig und verkehrsstörend sind sie auch dann noch geblieben.

So blieb denn schließlich von allen vorgeschlagenen Maßregeln nur die Beseitigung der Transitozölle selbst übrig. Und auch hierüber wurde zwischen Rat, Sechziger-Kollegium und Kommerzdeputation jahrelang vergeblich hin- und hergehandelt. Der Rat hielt an seinem immer noch zu fiskalischen Standpunkte mit eiserner Konsequenz fest. Er verlangte weitgehende Vorsichtsmaßregeln gegen Defraude und Beeinträchtigung des Zollregales, vor allem aber — und das mit Recht — ein ausreichendes Äquivalent für den Ausfall an Zolleinnahmen. Jene Kautelen wurden von den Kommerzdeputierten zu hart und zu kompliziert befunden, und auch die Sechziger verhielten sich gegenüber mehreren vom Rate aufgestellten Entwürfen ablehnend. Die einfache Aufhebung der Transito-Abgaben wäre ihnen zwar ganz recht gewesen. Aber ein Äquivalent wollten sie lange Zeit nicht zugestehen.

Diese Frage des Äquivalentes verursachte besonders viel Kopfzerbrechen. Im Jahre 1724 reichte ein Mann Namens Müller, einer jener grade damals so zahlreich auftauchenden finanziellen Tausendkünstler vom Schlage John Laws, dem Rate ein Projekt ein, welches zum Zwecke hatte, „mittels Formierung „einer Societät und generalen Fonds die Aufnahme des Com= „mercii zu befördern und der Cämmerei eine Million zum „Aqivalent des Porto franco zu luciren." Die Sozietät sollte allgemeine Handelsgeschäfte, Assekuranz- und Bankgeschäfte betreiben, — nichts Ungewöhnliches zu einer Zeit, welche durch solche „Generalfonds" alle möglichen Zwecke zu erreichen, alle öffentlichen wie privaten Bedürfnisse zu befriedigen vermeinte. Der Plan wurde von einer Kommission in Beratung gezogen, blieb indes schon in den ersten Anfängen stecken.[1]

Der Rat richtete wegen des Äquivalentes endlich sein Augenmerk auf eine Stempelsteuer. Aber die Sechziger wollten überhaupt kein Äquivalent bewilligen. Nichts kam zustande, trotzdem die Kaufmannschaft fortwährend auf Erledigung der Angelegenheit drängte. Noch am 26. März 1727 mußte der Rat auf eine neue Beschwerde der Kommerzdeputation antworten, „die Sache läge bloß beym Collegio der Sechziger, als „welches „statt des gewissen Abganges des Zollens kein gleich sicheres „Äquivalent wieder zugestehen wolle. E. H. Rath wollte es noch= „mals dahin gelangen laßen, in Hoffnung, Collegium würde die „Sache anitzo vielleicht reiflicher einsehen und wegen des Äqui= „valents sich mit E. H. Rath vereinbaren."

Über die jetzt folgenden Schlußverhandlungen wollen wir ausführlich berichten, weil dieselben uns einen guten Einblick gewähren in die Art, wie die Bürgerschaft nebst ihren Organen

---

[1] St.-A. Cl. VII Lit. Ea, P. 2, Nr. 6, vol. 4.

damals Lebensinteressen des Hamburger Handels und dringende Finanzfragen behandelte.

Am 7. April 1727 beschloß der Rat dem Sechziger Kollegium mitzuteilen, die Kaufmannschaft hätte abermals ihr Ansuchen um Gewährung eines freien Transito wiederholt. E. E. Rat bedaure aufs lebhafteste, daß ungeachtet seiner Willfährigkeit und der von ihm mit dem Sechziger=Kollegium „ohnermüdet" seit einigen Jahren gepflogenen Beratungen doch dem Handel in dieser Sache bisher nicht hätte geholfen werden können. Der Rat fände es unumgänglich notwendig, dieselbe mit allem Ernst und Eifer wieder aufzunehmen, zumal man besorgen müßte, „daß mit der „Zeit die nach allen Kräften von dieser guten Stadt an andere „Örter sich bereits hinlenkende Handlung derselben gar entzogen „und wie die einmahl gewohnten Canäle, wenn gleich das „Commercium wieder freygegeben worden, dennoch nicht leicht= „lich wieder verlassen werden, also der bey jetziger Einführung „eines freyen Transito etwan annoch zu erwartende Nutzen sodann „überall nicht mehr zu hoffen, mithin alle Bemühungen vergeblich „sein würden. Indem nun bekanntermaaßen das ganze Werk sich „bis dahin nur daran accrochiret, daß wegen eines gegen den Abgang „am Zoll genugsam zureichlichen und nicht sowohl Wittwen „und Waysen, als jeden, so fremden, als einheimischen, nach „Proportion des aus der Transito=freyheit ihm zu= „fließenden Nutzens treffenden Äquivalents mit E. E. „Rath das (Sechziger=) Collegium sich weder auf eine noch die andere „Weise vereinbahret, so ist vor allen Dingen nöthig, dieserhalb „vorläufig eine gewisse Entschließung zu fassen, als ohne welcher „alle super modo und wegen der Einrichtung der Sache selbsten „anzustellende Deliberationes nicht mit dem geringsten Effect würden „vorgenommen werden können. E. E. Rath ist nun annoch beständig „indifferent, ob das von ihm vorgeschlagene gezeichnete Papier „mit einem, dessen Unzureichlichkeit halber annoch benöthigten ander= „wertigen surplus erwehlet oder ein vorhin erwehntermaßen beschaf= „fenes sonstiges Äquivalent von Collegio nahmhaft gemacht „werde, indem seine Absicht bloß dahin abzielet, daß dem

„Cammer-Gute für diejenige gewisse revenue, welche
„durch den künftigen Transito demselben ohnfehlbar ent-
„zogen wird, ein gleich erkleckliches Mittel hinwieder
„zugewandt werde."

Wenn das Sechziger-Kollegium die Ermittelung eines solchen Äquivalentes der ganzen Bürgerschaft habe zuweisen wollen, so sei das um so aussichtsloser, als es ja dem Collegium in mehr als zwei Jahren nicht geglückt wäre, eine zum Ersatze geeignete Abgabe ausfindig zu machen. Vielmehr hielte der Rat es für das Zweckmäßigste, die Sache mit einigen Mitgliedern des Kollegium in einer Konferenz mündlich nochmals zu erörtern, damit „einestheils die gegen das gezeichnete Papier hegende Schwierig-
„keiten gründlich untersuchet, als auch des Collegii wegen eines
„etwanigen anderen Äquivalents führende Gedanken näher eröffnet
„werden mögen. Womit denn Collegium um so mehr verhoffentlich
„einig seyn wird, als eine solche Veranlassung den Weg zu einer
„so wichtigen Sache selbsten am besten bahnen und solche auf eine
„weder dem Publico noch Privato lästig fallende Weise terminiren,
„ohne derselben aber alle Deliberation nach wie vor vergeblich seyn
„und das dermahlige favorable Tempo ohne Nutzen verstreichen
„dürfte."

Vernünftiger, unparteiischer und dabei eindringlicher konnte der Rat die Sache nicht darstellen. Das Sechziger-Kollegium war mit seiner Antwort rasch fertig. Es beschloß noch am gleichen Tage, „daß der Transito so wie er Ao. 1713 eröffnet worden,
„beybehalten bleibe, jedoch mit dem Bedinge, daß alle noch darauff
„haftende Last davon gänzlich genommen werden möge", — darüber war alle Welt längst einig — „und verspricht sodann
„Collegium dafür einzustehen, daß aller daraus künf-
„tig dem Zoll entstehender Verlust jährlich der Stadt
„wiederum ersetzet werden soll."

Dies war eine ganz vage, finanzpolitisch völlig unbrauchbare Antwort, vermutlich nur dazu bestimmt, über die lästige Frage des Äquivalentes hinwegzukommen. Der Rat hatte ganz recht, wenn er am 21. April erwiderte, es wäre ihm lieber gewesen,

„daß von Collegio, wie dessen eigentliche Meynung, also zugleich
„ein solches Äquivalent wäre nahmhaft gemacht und angewiesen
„worden, inmaaßen der Abgang am Zoll sogleich mit der Ein=
„führung des freyen Transito seinen Anfang nimmt und also die
„Ersetzung desselben nicht auf künftige Zeiten zu verschieben, viel=
„mehr sofort damit zu verknüpfen ist."

Der Rat wiederholt sodann seinen Vorschlag einer mündlichen
Erörterung. Das Kollegium möge sich nicht länger sträuben,
diesen kürzesten und bequemsten Weg zur Verständigung zu wählen,
„damit solchergestalt bey einer in das Wohl der ganzen
„Stadt und jedes derselben Bürger und Einwohner
„einschlagenden Sache so wenig durch Übereilung (!)
„als Verzögerung der intendirte Nutzen hinter=
„trieben werden möge."

Wieder antworteten die Sechziger noch am gleichen Tage
ganz kurz, auf die Konferenz könnten sie sich nicht einlassen, sie
versprächen aber nochmals, jeden Einnahme=Ausfall durch jähr=
liche Kontributionen (direkte Steuern) zu decken. Die Verant=
wortung für weiteres Hinausschieben der Sache müßten sie dem
Rate überlassen, und sofern dieser nicht noch heute ihrem Vor=
schlage zustimmte, würden sie sich gezwungen sehen, die An=
gelegenheit der Bürgerschaft vorzutragen.

Darauf erklärte der Rat sofort, das könnte ihm ganz recht
sein, wäre die Sache nur nicht so unreif (!) und über das
Äquivalent noch gar keine Einigung erzielt worden. Da das
Sechziger=Kollegium sich indes anheischig mache, den Ausfall, möge
er so hoch sein wie er wolle, „durch eine vorgestellte Contribution
„zu ersetzen, so will E. E. Rath nunmehro vernehmen, was
„Collegium für eine Art von Contribution hierunter
„eigentlich verstehe" ꝛc.

Die auch noch vom gleichen Tage (21. April) datierte Ant=
wort der Sechziger lautete:

„Collegium ist der Meynung, jedoch auf Ratification der
„Erbges. Bürgerschaft, daß man zu Ersetzung des Zolles ein
„Grabengeld nach der alten Taxa zu bewilligen habe. Und

"wird sich nach Verlauf eines Jahres finden, ob solche Contri="bution zulänglich oder nicht; sollte aber noch ein Abgang sich "befinden, so will Collegium sodann das übrige zu ersetzen gleich="falls hiemit sich anheischig machen. Und wird indessen "keine Berichtigung des Transito mehr nöthig sein, "weil Collegii Meynung dahin gehet, daß es bey der vorigen "Transito=Ordnung lediglich sein Verbleiben haben müsse".

Das Grabengeld war eine alte Vermögenssteuer[1], welche ihren Namen davon herleitete, daß den zur Anlage und Unterhaltung der städtischen Wälle und Gräben nicht durch persönliche Dienstleistung oder Stellung eines Arbeiters beitragenden Personen stattdessen eine Abgabe auferlegt worden war. Also ein Seitenstück der heutigen Wehrsteuern. Daraus bildete sich nun aber später — jedenfalls schon vor dem Anfange des achtzehnten Jahrhunderts — eine gewöhnliche und zwar die am häufigsten angewendete direkte Steuer, welche jährlich, in der Regel zur Deckung ganz bestimmter Ausgaben, von der Bürgerschaft in simplo oder duplo bewilligt zu werden pflegte. Unzweifelhaft lastete dieselbe als allgemeine Vermögenssteuer am schwersten auf den nicht im Erwerbe angelegten Kapitalien der Witwen, Waisen und milden Stiftungen, war aber überhaupt, wie die vielen „Retardaten" beweisen, eine harte, drückende Abgabe. Warum sie trotzdem von dem Sechziger=Kollegium der vom Rate vorgeschlagenen Stempelsteuer vorgezogen wurde, erklärt sich einmal daher, daß das Grabengeld jährlicher Bewilligung durch die Bürgerschaft unterlag. Umgekehrt betrachtete man die Stempelsteuer, diese neuere Erfindung der Finanztechnik, als höchst despotisch und eines Freistaates unwürdig — eine bis zur Gegenwart leise nachklingende Auffassung — wobei man gar nicht berücksichtigte, daß die Republik der Vereinigten

---

[1] Einige wenige Mitteilungen über das Grabengeld bei Klefeker, Hamburgische Gesetze II 440, womit zu vergleichen das erste Reglement der Grabengelder vom 10. Januar 1777 in den Hambg. Verordnungen I 141 ff. Ich benutzte außerdem noch einige Mskr. der Kommerzbibliothek, sowie die Kämmerei-Bilanzen.

Niederlande längst, ja wahrscheinlich zu allererst, eine impost van bezegelde brieven eingeführt hatte.[1] Als Ersatz des Transitozolles wäre grade eine Verkehrssteuer am besten geeignet gewesen.

Der Rat wies den Vorschlag der Sechziger in einer längeren Zuschrift vom 23. April folgendermaßen zurück:

„Es hätte E. E. Rath wohl nichts weniger vermuthen „können, als daß Collegium zur Ersetzung des ..... Abganges „am Zolle ein Grabengeld nach der alten Taxa vorläufig nahm„haft gemacht und das bey dessen Unzulänglichkeit erforder„liche eigentliche Äquivalent annoch verschieben, also der Sache „selbsten wegen keine fernere Berichtigung nöthig halten, viel„mehr bey der bisherigen Transito=Ordnung, wenn nämlich „die noch darauf haftende Belästigung davon genommen, es „lediglich bewenden lassen würde."

Der Rat wünsche nun zwar nichts mehr, als sich mit dem Kollegium sofort zu verständigen und dem Verlangen der Kaufmannschaft endlich „zumahlen bey gegenwärtigen, auf „gewisse Weise vortheilhaft erscheinenden Conjunc„turen" zu willfahren.[2] Er habe das Seinige dazu gethan, wie Mit= und Nachwelt bezeugen würden. Hätte man sich nur früher über ein Äquivalent verständigt, so wäre die Reform jetzt längst durchgeführt. Das Sechziger=Kollegium hätte ja schon am 16. September vorigen Jahres „nach vorher genommener „und gern gestatteter Einsicht von den Zoll=Revenuen „der letzteren Jahre" ausdrücklich erklärt, es erkenne an, daß als Ersatz des Zollabganges „eine gleichgeltende beständige Einnahme" für die ganze Zeit der Transito=Freiheit beschafft werden müßte. Auch habe das Kollegium ferner schon damals

---

[1] Roscher, System der Finanzwissenschaft § 24 A. 2.
[2] Mit den „günstigen Conjuncturen" ist wahrscheinlich das dänische Patent vom 21. Februar 1727 gemeint, worin den Altonaern jeder Verkehr mit Hamburg untersagt wurde (Gallois, Hambg. Chronik IV 55). Ein größerer Gefallen konnte der Mehrheit der Hamburger nicht geschehen.

zugegeben, wie „sowohl das ¼ %, als Grabengeld und Hauer=
„schilling,¹ Wittwen und Waisen nebst anderen Bürgern sehr
„beschwerlich falle, hingegen der freye Transito der Kaufmann=
„schaft und den Fremden zum Nutzen und Besten intro=
„duciret werden solle, und also eine Art von Contribution
„zu bewilligen sey, wozu die Kaufmannschaft nebst den
„Fremden das meiste contribuiren müssen und welche zu=
„gleich hinlänglich sey, den Abgang des Zolls der Cammer zu
„ersetzen." Auch habe sich das Kollegium selbst vorbehalten,
„die Transito=Ordnung mit E. E. Rath zu berichtigen,
„ehe diese Sache in die Bürgerschaft gebracht werde."

Wie mit diesen ausdrücklichen Erklärungen des Kollegium
dessen vorgestrige Antwort zu vereinbaren sei, „solches will
„E. E. Rath alle unpartheyische Gemüther und das Collegium
„selbst beurtheilen lassen."

„Inwiefern der Zoll durch den künftigen Transito werde
„verlohren gehen, ist zwar vorher so genau nicht zu berechnen,
„daß aber der Verlust gar considerabel und ein Grabengeld nach
„der alten Taxa überall nicht dagegen in Erwegung kommen
„könne, ist nicht dem geringsten Zweifel unterworfen, wenn man
„einestheils erwegt, daß diese Contribution ihrer Ein=
„richtung nach kaum 2000 ₰ trage,² anderentheils aber
„die Disparität der vorigen und künftigen Transito=
„freyheit, es möge dieselbe mit oder ohne Eröffnung und Um=
„packung der durchgehenden Waaren seyn sollen, bedenket." Denn
es handelte sich dabei nicht allein um den einfachen Weg=
fall des Transitozolles, sondern hauptsächlich darum, „daß
„wenn der ganze Zoll von Transitogütern aufgehoben, weit
„mehrere denn vorhin sich dessen bedienen, die Ge=

---

¹ Quart-Prozent und Hauerschilling waren ebenfalls direkte Steuern
cfr. Klefeker l. c. II 440/41.

² Sobald der Rat sich auf das finanzstatistische Gebiet begibt,
ist das lebhafteste Mißtrauen am Platze. Die Umlegung der Steuern, wie
überhaupt das ganze Kämmereiwesen wurde ja damals in Hamburg von
den Männern am Ruder womöglich noch strenger geheimgehalten, als in

„legenheit zu Defraudationen sich häufen, die Exi=
„mirung vom Zoll unvermerkt weiter gesucht, alles
„was nur immer möglich für Transitogut angegeben
„werden, folglich das unschätzbare Zoll=Regal auf
„die letzt ganz verloren gehen würde, falls man zwar
„bey der vorigen Ordnung, nach welcher dessen Exercitium annoch
„beybehalten, gleichwohl aber allen Unterschleiffen kein genugsamer
„Riegel vorgeschoben worden, äußerlich es bewenden lassen,
„innerlich aber das Fundament des reservirten Zolls umstoßen
„wollte, ohne zugleich der weitern Freyheit ihre behörige Grenzen
„zu setzen, und den zumahlen von eyd= und pflichtvergessenen
„Leuten auszusinnenden unzähligen Vervortheilungen des Publici
„durch andere zu reichliche Verordnungen vorzubeugen."

Geschähe das nicht, so würde die Maßregel unvergleichlich
mehr Schaden als Nutzen im Gefolge haben. Der Rat hielte
es mit seinen Ämtern und Eiden nicht vereinbar, „gegen eine
„zwar anscheinende, aber vorher nicht genug überlegte Avantage
„die ganze Wohlfahrt und Freyheit der Stadt zu vertauschen."
Er hoffe daher, das Kollegium werde zu seiner früheren „rühm=
lichen Entschließung" zurückkehren und sich mit dem Rate „wie
„über eine dem Abgang am Zoll gleichgeltende, beständige
„und die Kaufmannschaft und Fremde nach Proportion
„ihres Nutzens contribuabel machende Einnahme, als
„auch über die Ordnung des Transito, fordersamste ver=
„einbaren."

Man wird diesen Erwägungen des Rates die Beistimmung

---

den absolutesten Monarchien. Daher konnten auch die Sechziger die Angabe
des Rates über den Gesamtertrag des Grabengeldes durchaus nicht
kontrollieren, zumal es für das Grabengeld noch gar kein Reglement gab,
ja vielleicht nicht einmal einen bestimmten Steuersatz. Dennoch ist es kaum
begreiflich, wie der Rat den Ertrag eines Grabengeldes mit nur 2000 ₰
angeben konnte, während derselbe sich doch (nach Ausweis der Kämmerei-
Bilanzen) ungefähr auf das Zehnfache hiervon belief. Aber freilich wollte
der Rat eben keine solche jährlich zu bewilligende Schatzung haben, sondern
eine „beständige Einnahme."

nicht versagen und sich auch nicht durch den Gedanken stören lassen, daß jedenfalls ein wichtiges, vielleicht das wichtigste Motiv seiner Haltung die Abneigung war, für die gefährdeten Zolleinnahmen eine von jährlicher Bewilligung abhängige Schatzung, anstatt einer ihm ein für allemal überlassenen indirekten Steuer einzutauschen. Besonders was der Rat über den Unterschied zwischen der früheren und der jetzt in Vorbereitung befindlichen Transito=Ordnung in Bezug auf größeren Zollentgang durch Defrauden ꝛc. sagt, hat die Erfahrung, wie wir sehen werden, als vollkommen richtig bestätigt. Daß trotzdem die Zolleinnahmen sich so bald wieder auf die frühere Höhe erheben würden, konnte damals noch niemand voraussehen.

Aber alle Gründe trafen beim Sechziger=Kollegium, das in erster Linie die Macht des Rates schwächen oder doch wenigstens nicht stärken wollte, auf taube Ohren. Dasselbe appellierte an die Bürgerschaft, und diese bestätigte am 24. April, wie zu erwarten war, lediglich den Beschluß der Sechziger. Da nun aber der Rat sofort erklärte, er könnte demselben niemals beistimmen, so war die ganze Sache wiederum in dringender Gefahr zu scheitern. Indes fügte der Rat hinzu, er behielte sich vor, die Verhandlungen mit den Sechzigern wieder aufzunehmen.

Das geschah am 12. Mai, anfangs freilich nur mit geringem Erfolge. Denn noch am 28. Mai erklärten die Sechziger, sie könnten beweisen, daß der Ausfall am Zolle gar wenig sein würde, nach den Transitzoll=Einnahmen der letzten zwei Jahre nicht über 700—800 ℔, während das Grabengeld weit mehr abwerfen müßte.[1]

Da entschloß sich der Rat, um wenigstens etwas zustande zu bringen, seinerseits jede Änderung der Transito=Ordnung von 1713 — abgesehen von der Beseitigung des Zolles — aufzugeben.

---

[1] Was die Sechziger hier über die Transitzolleinnahmen der letzten zwei Jahre sagen, ist nicht ganz unmöglich, wenn sie es auch gewiß nicht bei jener oben erwähnten, ihnen vom Rate gestatteten „Einsichtnahme von den Zollrevenuen der letzteren Jahre" erfahren haben können, da sonst der Rat

Zugleich wendete er sich am 16. Juni an die Kommerzdeputierten mit der Anfrage, "ob sich der Kaufmann in Ansehung "des Transito geholfen sähe, wann dasjenige, so nach Maaßgebung "des Ao. 1713 errichteten Transito=Reglements noch bis dato auf "den der Freyheit genießenden Waaren haftete, völlig ab= "gestellet würde."

Die Kommerzdeputierten beriefen ihre Alt=Adjungierten und diese erklärten am 17. Juni: "Sie wünschten, daß sie die "ganze Freyheit des Zollens bei dem Ao. 1713 eingeführten "Transito gleich damahls erhalten hätten. Da aber solches nicht "geschehen, vor der Hand auch unmöglich zu erzwingen, wollten sie, "um durch Widersprechen nicht Alles zu verlieren, vor= "gängig eines E. H. Raths Proposition annehmen." Diesem Beschlusse gab auch E. E. Kaufmann am gleichen Tage seine Zustimmung, und die Kommerzdeputierten formulierten am 18. Juni den Bescheid der Kaufmannschaft auf die Anfrage des Rats dahin, "daß der E. Kaufmann nebst Deputatis E. Hochedl. und Hochw. "Rath vor die betreffende, zur Erlangung eines völlig freyen Tran= "siti angewandte vielfältige Mühewaltung und an den Tag gelegten "höchst preislichen Eifer zur Wiederherstellung des eine "geraume Zeit her in Abnahme gerathenen Commercii "mit schuldigstem Respect verbunden leben, bedauren aber dabei "zum höchsten, daß aus einer zur Aufnahme der allgemeinen "Handlung so unentbehrlichen Sache, allen gethanen Vorstellungen "unermessen, gleichwohl nichts habe werden mögen. Um aber "auch das, was noch einigermaßen zur Wiederaufrich=

---

ihnen solche eben schwerlich verstattet hätte, und überhaupt alles darauf folgende unbegreiflich wäre. Der Betrag des Transitozolles war anscheinend stets in der Summe des Werkzolles mit enthalten und soweit ich sehen kann, hat man ihn nur in einer für den Rat selbst bestimmten Auffstellung bis zum Jahre 1723 abgesondert. In diesem Jahre betrug er 4347 ℔; indes ist immerhin nicht unmöglich, daß er in den folgenden Jahren stark zurückging. Die gesamte Einnahme aus Werk= und Bakenzoll betrug:

1723/24: 180 459 ℔   1725/26: 185 541 ℔
1724/25: 178 791 "   1726/27: 183 881 "

„tung derselben etwas beytragen kann, nicht zu ver=
„lieren, ist man abseiten des Commercii friedlich, daß es in An=
„sehen der Transito=Waaren, wann von selbigen der gänzliche
„Zoll abgenommen wird, und solche Güter hier völlig frey durch=
„passiren können, vorgängig bei dem in Ao. 1713 darüber errichteten
„Reglement seyn Verbleiben habe."

Nach dieser Seite somit gegen weitere Einwände gesichert, schlug der Rat am 23/25. Juni dem Sechziger=Kollegium als Äquivalent für den Transitozoll die Erhöhung der Matten d. h. der Mehlaccise von 3 auf 4 s. p. Himpen (oder von 7½ auf 10 ℳ p. Last) vor, und dieser Vorschlag wurde von den Sechzigern sofort angenommen, die Dauer der ganzen Einrichtung aber auf vier Jahre beschränkt.

Am 10. Juli brachte der Rat diesen gemeinsamen Beschluß an die Bürgerschaft, wobei er für das gewählte Äquivalent geltend machte, „daß dasselbe, indem es bey Kleinigkeiten und zu „verschiedenen mahlen ausgegeben wird, lange nicht so „viel als ein auf einmal darzulegendes Grabengeld oder „andere dergleichen Contribution drücket, noch weniger „wie diese einer besonderen Erhebung bedarf." Also auch hier treffen wir wieder auf dieselbe ehrwürdige und niemals veraltende Motivierung aller indirekten Steuern. Aber so gerecht wie eine Stempelsteuer war die Erhöhung der Mehl=Accise wahrlich nicht, und wenn jetzt auch die Bürgerschaft, welche jene rundweg ver= worfen hatte, diese ebenso rasch annahm, so beweist das eben, daß sie, in argen Vorurteilen befangen, ihr eigenes Interesse gröblich verkannte. Die jährliche Bewilligung erlangte sie doch nicht und auch die Beschränkung auf vier Jahre war nur ein schlechter Trost, da an spätere Wiedereinführung des Transito= zolles von vornherein kaum zu denken war.

Die finanziellen Ergebnisse — um diese hier gleich zu erle= digen — rechtfertigten zunächst vollkommen die Ansichten des Rates. Denn es fiel der Gesamtertrag der beiden Hauptzölle von 183,881 ℳ im Jahre 1726/27 bis auf 152,599 ℳ im Jahre 1728/29, also um ca. 31,000 ℳ. Dagegen stiegen im gleichen

Zeiträume die Matten-Erträge um 16,000 ℳ und ein Jahr
darauf um weitere 12,000 ℳ (im ganzen von 130,327 auf
158,046 ℳ). In diesem letzten Jahre (1729/30) erhöhten sich
freilich auch die Zolleinnahmen wieder ganz gewaltig, nämlich
bis auf 202,265 ℳ, aber erst seit 1736/37 stiegen sie dauernd
über den Betrag hinaus, den sie vor Einführung des freien Transito ergeben hatten. Wir stellen hier die Zahlen bis 1750 zusammen [1]:

	Werkzoll.	Bakenzoll.	Summa.
1726/27	119 108 ℳ	64 773 ℳ	183 881
1727/28	101 756	57 376	159 132
1728/29	96 701	55 898	152 599
1729/30	126 989	75 276	202 265
1730/31	103 736	56 314	160 050
1731/32	112 017	62 447	174 464
1732/33	123 555	64 865	188 420
1733/34	110 528	63 874	174 400
1734/35	109 422	61 416	170 838
1735/36	113 944	62 923	176 867
1736/37	122 195	68 534	190 729
1737/38	120 069	66 066	186 135
1738/39	119 045	70 650	190 595
1739/40	124 004	65 136	189 140
1740/41	132 767	80 244	213 011
1741/42	117 143	65 231	182 374
	Werkzoll.	Bakenzoll.	Summe.
1742/43	135 150	80 577	215 727
1743/44	142 013	77 074	219 087
1744/45	135 279	72 775	208 054
1745/46	139 623	75 972	215 595
1746/47	148 538	84 260	232 798
1747/48	145 330	78 041	223 371
1748/49	131 912	72 410	204 322
1749/50	165 708	94 456	260 164

---

[1] Es sind dies einstweilen freilich zumeist tote Zahlen, die aber
später gewiß einmal Leben gewinnen werden. Übrigens stiegen auch die
Matteneinnahmen im Jahre 1730/31, nachdem man die eigene Regie
aufgegeben und statt dessen Pachtbetrieb eingeführt hatte, weiter auf
172 645 ℳ, und der Pachtschilling bewegte sich dann längere Zeit hindurch

Es unterliegt keinem Zweifel, daß diese Steigerung der Zolleinnahmen auf ein noch größeres Anwachsen des Verkehres zurückzuführen ist. Denn die Transito-Freiheit gab nicht nur, wie der Rat richtig vorhergesehen hatte, zu bedeutenden Defrauden Anlaß, sondern wurde auch legalerweise allmählich mannigfach ausgedehnt, so daß ohne sie die Zolleinnahmen gewiß noch mehr gestiegen sein würden, vorausgesetzt, daß dann auch der Verkehr in gleichem Verhältnisse angewachsen wäre.

Endlich! — so wird wohl jeder Leser mit mir ausrufen, wenn er sich durch diese oft recht langweiligen Verhandlungen durchgearbeitet hat — endlich war die Entwickelung des Hamburger Freihafens wieder um einen Schritt vorwärts gekommen. Endlich war das, was man sich 35 Jahre früher als „Porto franco" gedacht hatte, annähernd zur Wahrheit geworden. Freilich immer erst annähernd; denn noch waren ja keineswegs alle Waren der Transito-Freiheit teilhaftig, noch war diese infolge des Plombierungszwanges ein Privilegium von mäßigem Werte, noch war sie überhaupt ein Privilegium derjenigen Personen, welche den vorgeschriebenen Eid leisteten und ihre Namen eintragen ließen. „Alle dieser Stadt Bürger und im Con-"tract stehende Einwohner," heißt es in der Transito-Ver-"ordnung v. J. 1727[1], „die sich dieses Beneficii bedienen wollen,

---

zwischen 172 000 ₰ und 180 000 ₰, während der Ertrag für den Pächter gewiß erheblich größer gewesen sein wird. Weniger drückend sind die Matten durch dieses Arrangement jedenfalls nicht geworden. Aber bei indirekten Steuern bekümmerte man sich damals meist nur um den zunächst Belasteten, nicht um den Konsumenten, auf den die Steuer doch regelmäßig übergewälzt zu werden pflegte.

[1] Dieselbe wurde, im Gegensatze zu ihrer Vorgängerin, sofort gedruckt und dem Kaiser, den Königen von Preußen und Polen, der Regierung in Hannover, sowie dem Herzoge von Braunschweig-Wolfenbüttel einfach mitgeteilt, wobei die gute Absicht, den Handel zu befördern, hervorgehoben und nur ganz kurz, wenn auch nachdrücklich, die Zollgerechtigkeit der Stadt reserviert wurde. Auch Preußen hatte jetzt nichts mehr einzuwenden. Die Verordnung steht u. a. bei Klefeker VII, 394 ff. Einige Bemerkungen dazu ib. XII, p. 607 ff.

„müssen vor einem derer p. t. Wohlweisen Zollherren einen kör-
„perlichen Eyd abschwören, daß sie dieser Ordnung gemäß sich
„betragen wollen ꝛc."

Der Kreis der berechtigten Personen war hier sogar noch erheblich enger begrenzt, als in der Transito-Ordnung von 1713, wo einfach gesagt worden war: „Alle diejenigen, die sich dieses Beneficii bedienen wollen" ꝛc. — Durch jene Beschränkung wollte man hauptsächlich die Altonaer ausschließen, exkludierte aber dabei auch alle übrigen Fremden, abgesehen von den als halbe Bürger betrachteten kontraktsverwandten Einwohnern, den Engländern, Niederländern ꝛc. Umgekehrt hatte man **früher** grade die **Bürger** vom Transito-Privilegium ausschließen zu müssen geglaubt, weil ihnen angeblich ihr Bürgereid nicht gestattete, sich desselben zu bedienen. In Wahrheit lag der Grund aber wesentlich tiefer.

Früher hatte ja einerseits das **Stapelrecht**, andererseits das **Zollregal** im Vordergrunde aller Erwägungen gestanden. Um jenes zu behaupten und um den Strom der **fremden** Güter wieder nach Hamburg zu lenken, hatte man diesen eine Zollermäßigung gewährt, ohne doch das Zollregal mehr als **irgend** nothwendig zu beeinträchtigen. Deshalb hatte man die **eigenen** Güter der Bürger anfangs gänzlich ausschließen wollen, und hatte sie später wenigstens nicht direkt begünstigt.

Das geschah nun zwar auch in der neuen Transito-Ordnung keineswegs. Aber mittlerweile hatte der Rückgang des Properhandels überhaupt derartige Dimensionen angenommen, daß man jetzt, wollte man nicht alles verlieren, das Kommissionsgeschäft ernstlich fördern mußte. Dieses wünschte man wenigstens ganz wieder zu erlangen und schloß deshalb die Altonaer wie überhaupt alle eigentlichen Fremden von der Transitofreiheit aus.

Was sich hier vollzogen hatte, war nichts anderes, wie der Übergang von einem vorwiegend **fiskalischen** zu einem mehr **merkantilistischen** Standpunkte.

Abgesehen davon unterscheidet sich die Transito-Ordnung v. J. 1727 nicht wesentlich von derjenigen des Jahres 1713.

Als eximierte Waren werden die nämlichen aufgeführt, welche der Nachtrag zu der Ordnung von 1713 übrig gelassen hatte: Holz (exkl. Farbholz), Korn, Wein, Branntwein und Essig.

Als der preußische Resident Destinon am 14. Januar 1728 auf Befehl seines Königs eine Erklärung darüber verlangte, warum Korn und Holz vom freien Transito ausgeschlossen seien, antwortete der Rat, der Transito sei kein eigentlicher Porto franko, weshalb auch nur solche Güter „bei denen entweder nach „der Emballage oder nach dem Gewichte Defrauden zu „vermeiden wären", der Transitofreiheit teilhaftig werden könnten.

Dem Getreide wurde im Jahre 1748 die Transitofreiheit zugestanden, einstweilen freilich nur probeweise auf zwei Jahre, welche Frist man indes nachher immer von neuem verlängerte.[1] Dagegen wurden den Holzhändlern mehrere Gesuche um Ausdehnung der Freiheit auf ihre Waren in den Jahren 1747 und 1751 abgeschlagen.

Die nächste Bresche in das Zollregal wurde durch zahlreiche Mißbräuche und Defrauden gelegt, zu denen die Transitofreiheit Anlaß gab. So wird häufig darüber geklagt, daß Güter, die hier zum Verkaufe bestimmt sind, als Transitogüter passiert, ja daß solche Güter dann ganz ungescheut, unter Mitlieferung des Transitozettels, verkauft werden; daß man Transitowaren öffnen und Proben davon nehmen läßt; daß es ganz allgemein üblich geworden ist, die Transitozettel nach Ablauf der gesetzlichen sechs Monate ohne irgend welche Ursache ein-, zwei- und dreimal zu prolongieren 2c. 2c.

V.

Wir schließen hiermit den erzählenden Teil unserer gegenwärtigen Studie. Denn die nächste Epoche in der Entwickelung der Hamburger Freihafens beginnt erst 24 Jahre später und

---

[1] Klefeker, II 124, 203. XII 608.

ruht auf wesentlich anderem Grunde, als die von uns geschilderten „Anfänge". Wurzeln diese ausschließlich in den oft recht kleinlichen Konkurrenzverhältnissen der unmittelbaren Nachbarschaft, so würde ein Schritt weiter uns hinausführen auf das weite Gebiet der europäischen Handelsrivalitäten. Nur den Ausgangspunkt dieser folgenden Epoche wollen wir noch ganz kurz ins Auge fassen.

Im Jahre 1751 legte Wilhelm IV., Statthalter der Niederlande, den Generalstaaten in einer Denkschrift die Mittel dar, welche man seiner Meinung nach gegen den weiteren Verfall des niederländischen Handels ergreifen müßte, einen Verfall, der in erster Linie durch die gewaltige englische Konkurrenz hervorgerufen wurde[1].

Mancherlei war damals schon in den Niederlanden über die Einführung eines „allgemeinen Porto franco" d. h. über die Abschaffung aller niederländischen Zölle geredet worden. Von einer so weitgehenden Maßregel riet der Statthalter allerdings ab. Dagegen empfahl er die Einrichtung eines „gelimiteerd porto franco" d. h. die Gewährung ausgiebiger Zollermäßigungen und Rückzölle. Freilich fand dieser Plan heftige Gegner nicht nur am fiskalischen Interesse, sondern namentlich auch in der Provinz Seeland, welche fürchtete, daß nur Holland (Amsterdam und Rotterdam) von der Maßregel Nutzen ziehen und den Seeländischen Handel vollends unterdrücken werde. Der unzweifelhaft höchst zweckmäßige Vorschlag des Statthalters konnte deshalb um so weniger durchdringen, als sein Urheber

---

[1] Propositie van Syne Hoogheid ter vergaderingen van Haar Hoogmogende en Haar Edele Groot Mog. gedaan, tot redres en verbeeteringe van dem Koophandel in de Republicq. In's Gravenhage. 1751. Vgl. über diese Denkschrift Laspeyres, Geschichte d. volksw. Anschauungen der Niederländer, p. 226 ff. Ein Exemplar der Schrift befindet sich im Hamburger St.-A., Cl. VII, Lit. Ea. P. 2. No. 6a. vol. 15. Die Hamburger Akten werden es dereinst ermöglichen, die sehr verdienstvolle Arbeit von Laspeyres auf eine gerade für Deutschland besonders interessante Weise zu ergänzen.

schon im folgenden Jahre starb. Aber es entstand darüber doch eine so lebhafte, sich durch viele Jahre hinziehende Diskussion, und man war mehrfach so nahe daran, zum Freihandel überzugehen, daß die Konkurrenten der Niederländer alle Ursache hatten, die Entwickelung aufmerksam zu verfolgen. Besonders die Hamburger, damals doch schon nach den Engländern — allerdings in weitem Abstande von diesen — die wesentlichsten Konkurrenten der Niederländer, wurden im Jahre 1752 durch eine gegen sie gerichtete Zollmaßregel der letzteren zu größter Wachsamkeit aufgefordert.

Als nämlich damals Spanien, über einen von Hamburg mit dem Dey von Algier abgeschlossenen Vertrag erbittert, alle Hamburger Kaufleute auswies, machten die Niederländer sich dies sofort zunutze, indem sie diejenigen Waren, in denen die Hamburger hauptsächlich mit Spanien Handel trieben (Leinewand, Garn, Wachs, Blech, Eisenwaren, Kupferdraht), von allen Zöllen — jedoch nur eben für den Verkehr mit Spanien — befreiten. Dies erregte in Hamburg die größte Besorgnis, und da man überhaupt hier die niederländischen Debatten wegen Einführung eines Portofranko mit lebhafter Aufmerksamkeit verfolgte, so mußte man bald auf den Gedanken kommen, durch weitere Zollerleichterungen dem drohenden Schlage zu begegnen.

Die Handelspolitik jener Zeit kämpfte eben mit Zollermäßigungen ganz in derselben Weise wie die Industriepolitik mit Zollerhöhungen.

Aus diesem einfachen Gedankengange entwickelte sich in der Hamburger Kaufmannschaft seit dem Jahre 1755 die Forderung nach einem uneingeschränkten Portofranko, nach Beseitigung aller Ein- und Ausgangszölle. In dem sich hierüber entspinnenden langjährigen Meinungsaustausche spielte allerdings auch die Altonaer Konkurrenz immer noch eine wichtige Rolle; denn der Fortfall des Transitozolles hatte ja keineswegs alle Vorteile Altonas beseitigt. Aber daneben kamen noch viele andere Momente zur Sprache. Auch prinzipielle

Gründe für den Freihandel traten jetzt in den Vordergrund, und mancher Ausspruch ließe sich aus dieser Debatte anführen, der später durch Adam Smith zur allgemeinen Anerkennung gebracht wurde.

Die Bewegung scheiterte an dem Widerstande des Senates, und nach mehr als zehnjährigem Kampfe ging daraus abermals nur eine relativ geringfügige Maßregel hervor, lediglich um die schädlichen Folgen jenes niederländischen Vorgehens abzuwehren: Man beseitigte im Jahre 1764 alle Ein- und Ausgangszölle von Leinwand, Garn, Kupfer und Blech.[1]

Auf ganz dieselbe Art hat sich dann auch die weitere Entwickelung des Hamburger Freihafens vollzogen. Nach sehr vielen kleinen und mühseligen Schritten, stets nur dem dringendsten Bedürfnisse nachgebend, und unter jedesmaliger, fast zu vorsichtiger Erwägung des pro und des contra, gelangte Hamburg endlich im Jahre 1874 zur völligen Zollfreiheit. Erst seitdem existiert, streng genommen, ein Hamburger Freihafen.[2]

Keine geschichtliche Untersuchung über eine im Interesse des Hamburger Handels ergriffene Maßregel darf endigen ohne den Versuch, die Folgen zu ermitteln, welche dieselbe für den Wohlstand des übrigen Deutschlands gehabt hat. Auch wir dürfen

---

[1] Klefeker l. c. XII 609.
[2] Über die weitere Entwickelung der Dinge unterrichtet noch am besten, obwohl keineswegs ganz befriedigend, der Kommissionsbericht an die Vaterstädtische Sektion der Hamburgischen Gesellschaft zur Beförderung der Künste und nützlichen Gewerbe (der „Patriotischen Gesellschaft") über „Die Aufgaben der Hansestädte gegenüber dem deutschen Zollverein, sowie in Bezug auf eine gemeinsame deutsche Handelspolitik". Hamburg 1842. — Für die neueste Zeit vgl. namentlich Tuch, Die Sonderstellung der Deutschen Freihäfen. Hamburg 1878.

diese Frage nicht unbeantwortet lassen, können uns hierbei aber kurz fassen. Denn die Einführung der Transito-Freiheit in Hamburg hat auf einen großen Teil Deutschlands gar keinen und auf den übrigen Teil nur geringen und zwar einen günstigen Einfluß ausgeübt.

Ob Hamburg die Durchfuhr freigab oder nicht, war zunächst ganz gleichgültig für denjenigen Teil Deutschlands, dessen Verkehr nach Amsterdam gravitierte, d. h. für das gesammte Stromgebiet des Rheines. Auch das kleinere Hinterland Bremens, bestehend aus den von der Weser durchflossenen Ländern, einschließlich Hessens und eines Teiles von Franken, wurde durch die Maßregel wenig berührt, außer daß einige Grenzdistrikte zwischen diesem und dem Hamburger Handelsgebiete, namentlich wohl einige Teile des Herzogtums Lüneburg, ihren Verkehr mit der See von jetzt an über Hamburg, statt über Bremen leiteten.

Das eigentliche Hamburger Handelsgebiet umfaßte alle an die Elbe angrenzenden Territorien bis nach Böhmen hinauf, außerdem aber noch einen großen Teil von Franken, sodann Schlesien und die Mark Brandenburg, während in Mecklenburg und Pommern Hamburg mit Lübeck und Stettin zu konkurrieren hatte. Gerade in diesen Gebieten, besonders in Schlesien, Sachsen und in den Brandenburgisch-Preußischen Staaten hatten sich damals bereits die bescheidenen Anfänge deutscher Großindustrien entwickelt, und eben dort wurde, wie wir sahen, die Einführung des freien Hamburger Transito lebhaft gewünscht. Das bei weitem bedeutendste deutsche Exportgewerbe damaliger Zeit war die **Schlesische Leinenmanufaktur**, und gerade aus Schlesien ließ sich jener Wunsch am stärksten, direkt aus den Interessenkreisen heraus vernehmen. Dies war auch sehr natürlich; denn für die Schlesische Leinenweberei war Hamburg weitaus der wichtigste Exporthafen, während ihre einzig bedeutenden festländischen Konkurrenten, Holland und Westfalen, fast nur über Amsterdam und Bremen exportierten.

Was sodann den nächstgroßen Deutschen Industriezweig, die **Tuchmanufaktur**, betrifft, so hatte für diese die Hamburger

Transito-Freiheit deshalb keine erhebliche Bedeutung, weil schon vorher der Hamburger Einfuhrzoll auf Englische Tuche gerade für die größten Importeure, die Mitglieder der „Court", nur ganz geringfügig gewesen war, und weil es der Deutschen Tuchmanufaktur im übrigen völlig gleichgültig sein konnte, ob die Englischen Tuche über Hamburg oder über Altona ins Land kamen. Unzweifelhaft aber hätte sich dieser Verkehr immer mehr nach Altona hingezogen, wäre in Hamburg nicht die Durchfuhr freigegeben worden.

Nach diesen Mustern kann man die Wirkung der Maßregel auch für alle anderen Deutschen Gewerbe beurteilen, mochten dieselben nun — was freilich noch sehr wenig der Fall war — schon zum Exporte fähig sein oder nur ein kleines Gebiet mit ihren Produkten versorgen. Überdies war der Hamburger Zoll allerdings hinreichend, um den Durchgangsverkehr von Hamburg abzulenken, aber schwerlich groß genug, um dem Importe oder dem Exporte der meisten Industriewaren ein ernsthaftes Hindernis zu bereiten. Dagegen war umgekehrt die Transito-Freiheit für die Ausfuhr der Deutschen Rohprodukte (Korn, Wolle, Hanf, Flachs, Metalle ꝛc.), die ja noch bei weitem nicht ganz im Lande selbst verarbeitet werden konnten, eine beträchtliche Erleichterung. Und ebenso lag es auch im Interesse der Deutschen Konsumenten, daß ihnen die Kolonialwaren und anderen notwendigen Importe nicht mehr durch den Hamburger Zoll verteuert wurden.

Fast noch ein volles Jahrhundert mußte vergehen, bis die Deutsche Industrie unter dem Schutze und der wesentlichen Beihilfe großer Monarchen und trefflicher Staatsmänner sich soweit entwickelt hatte, daß sie anfing, die inzwischen ebenfalls schärfer ausgebildete Freihafenstellung der Hansestädte als einen schweren Nachteil zu empfinden. Und abermals ist dann noch der größere Teil eines Jahrhunderts verflossen, ehe diese mittlerweile bis zur letzten Konsequenz weiter entwickelte Freihafenstellung den Anforderungen einer neuen Zeit geopfert werden mußte.

Die binnenländische Industrie und der hansestädtische Handel, — sie beide bedurften der Erziehung. Jeder dieser großen Zweige der Arbeit unseres Volkes verdankt einen guten Teil seines Wachstums Mitteln kluger Handelspolitik, wie solche seine besonders geartete Natur erforderte. In höherem Grade als die Industrie mußte der Handel sich selbst erziehen, mußte sogar selbst erst die Politik schaffen, von der seine gedeihliche Entwickelung abhing. Daß dies notwendig war, wollen wir nicht beklagen. Denn auf solche Weise hat sich die deutsche Volkswirtschaft zwar langsamer und mühseliger, aber gewiß auch fester und dauerhafter entwickelt, als diejenige mancher lange von uns beneideter Nationen.